# जीवन के दिन

[कविता-संग्रह]

# जीवन के दिन

प्रभात

राजकमल प्रकाशन

ISBN : 978-93-88753-37-1

**मूल्य :** ₹495



**पहला संस्करण :** 2020

**प्रकाशक :** राजकमल प्रकाशन प्रा. लि.
1-बी, नेताजी सुभाष मार्ग, दरियागंज
नई दिल्ली-110 002

**शाखाएँ :** अशोक राजपथ, साइंस कॉलेज के सामने, पटना-800 006
पहली मंजिल, दरबारी बिल्डिंग, महात्मा गांधी मार्ग, इलाहाबाद-211 001
36 ए, शेक्सपियर सरणी, कोलकाता-700 017

वेबसाइट:www.rajkamalprakashan.com
ई-मेल:info@rajkamalprakashan.com

**मुद्रक :** यश प्रिंटोग्राफिक्स
नोएडा-201 301 (उत्तर प्रदेश)

JEEVAN KE DIN
*Poems by* Prabhat

मनोज के लिए

हम तो देखते ही हैं अपने दिन
जीवन भी हमें अपने दिन दिखाता है

# अनुक्रम

# जीवन के दिन

# लोक गायिकाएँ

वे इसलिए नहीं गातीं कि गाकर उन्हें कोई मुकाम हासिल करना है

वे सभा में नहीं गा रही होतीं तो चूल्हे के पास बैठकर गा रही होतीं
उन्हें गाने से मतलब है सुनाने से नहीं
इसलिए वे खलिहान में बैठे-बैठे भी गाती हैं
तारों के नीचे सोते-सोते भी
बरसों उन्होंने मुँहअँधेरे जागकर
घासलेट की चिमनी की रोशनी में
अनाज पीसते हुए गाया है

वे लताओं में खिले फूलों के बारे में गाती हैं
वे कन्दराओं में होने वाले प्रसवों के बारे में गाती हैं
वे खेड़ों-गाँव के उजड़ने के बारे में गाती हैं
वे डेरों के जमने के बारे में गाती हैं
वे उस महाभारत को गाती हैं
जो महाभारत में लिखने से रह गया
वे उस रामायण को गाती हैं
जो रामायण में लिखने से रह गई
वे इलाके में उठने वाली आँधियों के बारे में गाती हैं
वे आँधियों में उड़ने वाले पक्षियों के बारे में गाती हैं
वे पक्षियों के पंखों में छिपती युवतियों के बारे में गाती हैं

उनका गाना आज से नहीं है
आज भर के लिए नहीं है
उनके विकल विरल स्वर
अनंत काल तक के लिए हैं

30.9.14

# लोक गायक

सतही तौर पर उसे किसानों और श्रमिकों का कवि कह सकते हैं
उनके जीवन से जो शब्द बनते हैं
प्रायः उन्हीं को काम में लेता है वह कविता रचने के लिए
धूल की तरह साधारण शब्द
ओस की तरह चमकने लगते हैं उसकी कविता में आने पर
बीजों की तरह अँकुआने लगते हैं गाए जाने पर

उसका विशाल वाद्य घेरा
मृत जानवर की खाल से बनता है
जब वह गूँजता है
पास ही जंगलों में खड़े भैंसे
त्वचा पर स्पर्श का अनुभव करते हैं

खेतों की मेड़ पर खड़े धवल फूलों वाले कांस
कांसों की जड़ों से सटकर बैठे बैल
इधर-उधर खड़े तमाम छोटे-बड़े पेड़ और झाड़
छोटे और बड़े कद के पहाड़
कान देते हैं उसकी आवाज पर

वह आवाज जिसमें आँधियाँ हैं
आँधियों की नहीं है
वह आवाज जिसमें बारिशें हैं
बारिशों की नहीं है

पवन झकोरों और बारिश की बौछारों सी
काल से टकराती आती यह आदिम आवाज
पृथ्वी पर आदमी की है

अर्द्धरात्रि में जब वह उठाता है कोई गीत
रात के मायने बदल देता है
अगम अँधेरों में गरजते समुद्रों के मायने बदल देता है
अनादि सृष्टि में चमकते नक्षत्रों के मायने बदल देता है
वह हमें बाहर के भेद देता है
वह हमारे भीतर के भेद देता है
चाहे तो शब्द से
चाहे तो दृष्टि से
चाहे तो हाथ के इंगित से पुकार लेता है
सभा में सत्य को उतार देता है

चाँदनी में बैठे ग्रामीण अलाव तापते हुए सुनते हैं उसे
अलावों के चहुँओर दिपदिप चेहरों पर
रह-रह खेलती है आदिम मुस्कान

25.1.15

# लोक देवता

गाँव खेत जंगल से दूर निर्जन में
मिट्टी से निकले किसी अनगढ़ भाटे में
धूप-धूपाड़ों और अंगारों की राख से अटे-पटे
गोबर से लीपे चबूतरे पर
बैठे रहते हैं लोक देवता
नीम के फूल उनके सिर पर झरते हैं
बबूल के फूल उनके सिर पर झरते हैं
अपने होने को लेकर इतने उदासीन
कि नहीं पधारा होता उन्हें पाँच आदमियों
और बड़ी-बूढ़ियों ने अपने नदी के जल में धोए हाथों से
तो वे मिट्टी में दबे भी उतने ही खुश रहते
दूसरे तमाम अनगढ़ भाटों के साथ मिट्टी में लिपटे

बैल के दरद का दुख लेकर आते हैं लोग उनके थान पर
नवजातों को लेकर आती हैं नई माँएँ
घुटने का दरद लेकर आती हैं प्रौढ़ाएँ

कुछ लोग शिकायतें भी लेकर आते हैं
कि भैंस ने दूध देना बन्द कर दिया है
कि भैंस दूध तो देती है लेकिन वह फट जाता है
कि ऊँट का आज तीसरे दिन भी कहीं अता-पता नहीं है

कुछ लोग वहीं बैठकर उलाहना देते हैं
तेरे यहाँ बैठे रहने का क्या फायदा है
औरत के पेट में कोई आराम नहीं है
कुछ लोग धमकी देते हैं
अगर लड़के का बिच्छू अबकी नहीं उतरा तो
तू तेरे और हम हमारे

ऋतुएँ बदलती हैं, फसलें लहलहाती हैं
लोग नवान्न लेकर आते हैं
देवता को मनाते हैं
बैठकर सिर जुड़ाकर
गोठ गाते हैं
देवता के सिर पर गिलहरियाँ खेलती हैं
कान में तोते बोलते हैं
कबूतर सारा नवान्न चुग जाते हैं
दूर कहीं घाटियों में घोड़े हिनहिनाते हैं

लोग कहते हैं—
देखो-देखो सफेद झक धोती-कुर्ते में
घोड़े पर सवार, एड़ लगाता
लम्बे काले केश लहराता वह आ रहा है

5.3.15

# लोककथा

गत हुआ यौवन का सूर्य
कान्ति सारी छिन गई थी
त्रिपाठी विक्षिप्त हो गए थे
अंग्रेजी बोलने लगे थे हिन्दी के बजाय
सड़क पर फिरा करते थे कि एक साँझ
उन्हें प्यास लगी
वे कुएँ पर चले गए
कुएँ पर लोककथा जल खींच रही थी, बोली—
'तुम कौन हो?'
बोले—'मैं इनसान हूँ'
'इनसान तो संसार में दो ही हैं
सूरज और चाँद
जो दिन-रात चलते हैं
फिर भी जिन्हें चैन ही नहीं
फुर्सत ही नहीं
तीसरे इनसान तुम कहाँ से आ गए?'
लोककथा के इस प्रश्न पर निरुत्तर राहगीर
प्यासे ही लौट जाते थे
लेकिन वे जल की तरफ देखते रहे
उन्हें प्यास लगी थी गहरी
कंठ सूख रहा था
बोले—'मैं 'निराला' हूँ'

लोककथा मुस्कुराई
अतल गहराइयों से खींचे जल की धारा उँडेलने लगी
निराला ओक करके पीने लगे
उनका चेहरा छींटों से भीज रहा था
उनके केश भीज रहे थे
कम्बल भीज रहा था
पाँव भीज रहे थे
धरती भीज रही थी

16.1.16

# लोकगीत

आधी रात के अँधेरे में
वह गीत बजता था धीमे
बिस्तर से विलग हो
आई वह अहाते में
पानी के बुलबुलों की तरह
सितारे अटके थे आकाश में
बाहर एक रिक्शेवाला था
अपने रिक्शे में सोया
मोबाइल पर ये गीत सुनता था

ये वे गीत थे जिन्हें वह खुद गाया करती थी
जब भाएलियों के साथ अधरात
कातिक नहाने जाया करती थी
जब वह पेड़ थी, फूल थी
हिरनी थी, गेहूँ की बाली थी
सरोवर थी
मगर अब वह महानगर में थी
फर्नीचर थी, गुलदान थी
कार की चाबी थी, ब्रांडेड आटा थी
और ब्रांडेड पानी

चाँद का पुआल हाथ में लिए
जा रही थी रात
बरसों बाद सिहर गई वह
चम्पा की ओट में छुपकर खड़े हो सुनते हुए—
'गंगाजी के घाट पै चन्दा तेज उग्यौ है हो राम'

1.3.16

# लोककथा के फूल

बिगड़े बाँसों के वन के तन में
चौफेर हरी पहाड़ियों के कटोरे के तल में बसा
छत्तीसगढ़ का गाँव रइनखोल

लोककथा के फूल देखने गया मैं वहाँ घाटी उतरता-उतरता
धूप का हंस चैन की साँस पा रहा था पाँख फैलाए

मिट्टी की दीवारों पर
फूस और बाँस की छत से
खुद ब खुद बन गए हों जैसे
ऐसे खपरा
हरियाली और सूखी हरियाली से ढके थे
खुले पड़े इन घरों के दरवाजे तो थे ही नहीं
बाँस के चपटे फाटक भी
बिना लगे ही धरे थे

मछरी छींछेबर के बीसरा-मोरी
धान कूटेबर के ढेंकी
जाँता, टुकनी, सूपा, सिल
सब ऐसे ही पड़े थे

कोई भी नहीं था कहीं
जिसे पूछो वही
तेंदू पत्ता तोड़ने चली गई

तभी कमल-ताल की पाल के नीचे नहाती
वह युवती दिखी
लेकिन वह मेरी हिन्दी नहीं समझ पाई
और मैं उसकी बनगहिया

थोड़ी ही दूरी पर पथरीले नाले की गीली बजरी में
मछली केकड़े खोज रहा था एक परिवार
सास-ससुर और बहू
रात के खाने में रोटी के साथ लगावन के इन्तजाम में जुटे थे तीनों

हँसे खूब बतियाए मुझसे
भले-बुरे दिन भूल
जीवन लोककथा था वे थे
लोककथा के फूल

4.3.14

# धीरे

मैं इतना धीरे चलना चाहता हूँ जीवन में
जितना धीरे चलते हैं गड़रिए बीहड़ में

वे रहते हैं इस संसार में
पेड़ों, जोहड़ों, गुफाओं और कन्दराओं की तरह विलीन
वे रहते हैं अपनी भेड़ों के रेवड़ में लीन
उनके पीछे किसी पागल प्रेमी की तरह भटकते हुए

किसी भेड़ के पैर में लगा कीकर का काँटा
चलते हुए अचानक उनकी ही ऐड़ी में खुब गया हो जैसे
वे तड़पते जाते हैं और काँटे को निकालते जाते हैं
थोड़ी सी तम्बाकू रखकर पैर पर
अँगोछे की लीर लपेटते हैं हौले-हौले धीरे-धीरे
कि पीड़ा को और पीड़ा न पहुँचे
मैं ऐसे हौले-हौले धीरे-धीरे चलना चाहता हूँ जीवन में

सूर्यास्त जैसे घर हो भेड़ों का
वे भाँप लेती हैं
बादलों की हरी-सुनहरी घासों भरे आसमान में
सूरज का डूबना
वे शुरू करती हैं बस्ती की तरफ उतरना
उनके असंख्य पैरों की सुन्दर चाल के

संगीत की धुन में खोए गड़रिए
जैसे उतरते हैं झुकी हुई साँझ की
पगडंडी की धूल में पाँव धरते हुए
हौले-हौले धीरे-धीरे
मैं अपने कर्म की धूल में पाँव धरते हुए
उतरना चाहता हूँ जीवन में
हौले-हौले धीरे-धीरे

सूखे वनप्रान्त के एकाकी जलाशय सी
कैसी दुर्लभ करुणा है उनकी आँखों में
वे आज भी किसी शिशु के से विस्मय से
देखते हुए बढ़ते हैं घिरते हुए अँधेरे को
और उन्हें बोध हो रहा हो जैसे पहली बार
ऐसी उत्सुकता से निहारते हैं तारों को
मैं ऐसी ही गाढ़ी उत्सुकता लिए हुए
बढ़ना चाहता हूँ जीवन के अँधेरे में

देर रात जैसे सोते हैं गड़रिए
खाट बिछाकर अपनी भेड़ों के बीच
स्मृतियों के आँगन में डालना चाहता हूँ खाट
इस जिए हुए और नहीं जिए जा सके जीवन से
कभी जी भर सकता है भला
देर-देर तक जागकर देखते रहना चाहता हूँ
रात के आकाश के उजले पर्दे

विशाल मैदानों की सुनहरी
घास के रंग का सूरज
विचरता रहेगा जब तक पृथ्वी पर
विचरते रहेंगे गड़रिए

और उनकी भेड़ों के रेवड़
मैं नहीं रहूँगा तब भी
घासों और पुआलों सी जीने की मेरी नर्म इच्छा
विचरती रहेगी पूरब में
ओस चाटते हिरनों के संग-संग

3.6.11

## गड़रिए

वे शर्मीले होते हैं
इतने गरब गुमान रहित
कि कोई उनकी तरफ देखता है
तो वे दूसरी तरफ देखने लगते हैं
गर्दन घुमा लेते हैं, आँखें झुका लेते हैं
जमीन में देखने लगते हैं या आसमान में
वे निर्जन में रहते हैं
इनसानों की संगत के वे उतने अभ्यस्त नहीं हैं जितने प्रकृति की संगत के
उनका सारा जीवन रूखों को देखने में गुजरता है
रूखों पर फूटते गोंद और खिलते फूलों को देखने में
और सुनने में
ये हवा के घासों में चलने की आवाज है
ये हवा के पेड़ों में चलने की आवाज है

गड़रिए
वे शर्मीले होते हैं
वे झाड़ों के सामने खुलते हैं
वे झिट्टियों के लाल-पीले बेरों से बतियाते हैं
वे बीहड़ के गड्ढों में पानी पीती हुई अपनी शकल से बतियाते हैं

वे आकाश में पैदल-पैदल जा रही बारिश के पीछे-पीछे
दूर तक जाते हैं अपने रेवड़ सहित

वे आकाश से पैदल-पैदल आ रहे जाड़े के पीछे-पीछे
वापस आते हैं अपने रेवड़ सहित

नक्षत्र उनकी भेड़ों को आकाशगंगा कहते हैं
आकाश कहता है—
गड़रिए
चन्द्रमा हैं पृथ्वी पर चलते हुए

23.1.15

# सरसों के फूल-1

सरसों के फूल
तुम्हें पता है
तुम्हारी माँ साँवली थी

उसे अकेले रहना पसन्द नहीं था
उसने बहुत कम दुनिया देखी थी

उसे पैरों तले लेना आसान था
दबाना कठिन था
उसे गिरा देना आसान था
तोड़ना कठिन था
वह काठ थी
मगर उसे जलाना कठिन था

वह हर रोज कुछ और सूख जाती थी
उसका जीवन भी माटी था
मृत्यु भी माटी थी
माटी में माटी होकर
वह फिर से उगी थी
तभी तो तुम खिल सके धरती पर
सरसों के प्यारे फूल

**27.11.12**

## सरसों के फूल-2

रात बीती जा रही है
तेरा मन क्यों भीग रहा है
सरसों के फूल

बीत ही चली होती जब रात
तब उगा चाँद
तेरे दिल में क्यों हौल सा उठा

पहाड़ों की ओर से आई हवा
चली गई पहाड़-पहाड़
तू क्यों हो रहा है दो फाड़

तेरे पत्तों पर बैठकर तो
नहीं कुहकेगी कोयल
तू क्यों है विकल

खेत की मिट्टी में
समाते हुए देखकर जल की धूल
तेरे अन्दर क्यों नदी सी बहने लगी
सरसों के फूल

**27.11.12**

# पखेरू

पखेरुओं के घोंसलों की तरह
वनस्पति और उससे बनी चीजों के सिवा
कुछ भी तो नहीं हमारे घरों में
हम घरों से अधिक खेतों में रहते हैं

गेहूँ और सरसों के खेतों से
माँ गोबी-घास ले जाया करती थी
माँ के हाथ खरपतवार के दूध से सन जाते थे
हरे सफेद बैगनी पीले कत्थई रँग जाते थे
तब मैं माँ की अँगुली पकड़े डोलता था
माँ को इन खेतों में आए सैंतीस बरस हो गए

चार बरस हुए बड़े काका चले गए
सात बरस पहले बड़े भाया
शिशिर की रातों में
यहाँ बैठे रहते थे आग जलाकर
नीलगायों के डर से सोते भी यहीं थे
कल की सी बात लगती है
खेतों में डोलते दिख जाते थे
एक ही पुकार में बोल जाते थे

कैसा सारस का सा जोड़ा है
खेत और किसान का

समय की नदी के इसी तट पर
यह अटूट जोड़ा भी देखो कैसे एक दिन
धान के तन सा बेआवाज टूट जाता है
भरा-पूरा खेत रह जाता है यहीं
किसान पखेरू उड़ जाता है कहीं का कहीं

8.8.12

# पीढ़ियाँ

चाचा की मृत्यु से पहले की
उस उम्र में पहुँच गया हूँ
जब चचेरी बहन
चूल्हे पर रोटी सेंकना सीख गई थी

उस उम्र के चाचा की तरह
बढ़ी हुई सफेद दाढ़ी के साथ
खाने की थाली पर झुका हूँ
बेटी पूछ रही है—
'पापा एक रोटी और लाऊँ?'
मैं कहता हूँ—
'रोटी नहीं बेटी पानी।'

कहते हुए सोचता हूँ
इस बीच घर की वह भाषा भी गई
पेड़ों-पक्षियों और जल से वह जुड़ाव गया
और वह आकाश
जिसमें झाँकते हुए चाचा कहा करते थे
आज रात हिरनी उगी ही नहीं
या धुँधलके में दिख नहीं रही

5.12.16

# पोखर

पोखर होने के लिए पानी से भरा होना जरूरी नहीं
जब उसमें पानी नहीं होता
तब क्या वो पोखर नहीं होता

अगर नहीं होता
तो फिर कभी भी
कैसे भरता वो वापस
कैसे बुझाता भेड़ों की बकरियों की
ऊँटों की प्यास

कैसे दिखाई देतीं परदेशी आँकड़ों पर सूखती
कसीदे कढ़ी लूगड़ियाँ
क्यों वहाँ आकर मुँहअँधरे में ठिठुरती हुई हँसतीं
कातिक नहाती लड़कियाँ

24.11.12

# काम-1

सभी को सभी तरह के काम रास नहीं आते

मेरे जीजा को ऊँटगाड़ी से ढुलाई के काम रास आते हैं
बहन को तीन कोस दूर से पानी भर लाना कोई काम ही नहीं लगता
वह कहती है—मेरा मन करता है अड़ोसी-पड़ोसियों के लिए भी भर लाऊँ

पाँव दुख रहे हों या कटे-फटे
बाबा को खेतों के चक्कर लगाए बिना चैन नहीं पड़ता
काका को जानवरों को पानी पिलाना, नहलाना पसन्द है
बड़े भाया को खाट ठोंकना और बुनना

घास लाने की बात हो, बुआ कहती है—'मैं जाऊँगी'
माटी खोदने की बात हो, काकी कहती है—'मैं जाऊँगी'
किसी को बुलाकर लाने की बात हो
बच्चे कहते हैं—'हम जा रहे हैं'

मझले भाई की एक ही रट—'नहीं, यह मुझसे नहीं होगा'
घर में सबके बारे में लगता है कि कमा खाएँगे
एक मझले का ही डर सताता है
पहले मझले जैसे धिक जाते थे घर में
अब उसके बारे में कुछ समझ में नहीं आता है

2.10.14

## काम-2

नदी का काम कितना अलग है पेड़ के काम से
पगडंडी का काम कितना अलग है खेत के काम से
इनके साथ-साथ किसान और नाव खेने वाले भी
कितने लीन रहते हैं अपने-अपने काम में

झरने और तालाब अपनी-अपनी जिम्मेदारियों को
पूरा करने में डूबे रहते हैं
सूखी घासों के उजास से घोंसला बुनते हैं बया
मनुष्यों के भरोसे तो धुएँ से जलता आसमान
बारिश करती है महीनों धुलाई, रखती है नया

ऐसा लगता है पहाड़ों के पास नहीं है कुछ भी काम
पर वे जगह देते हैं अपने कदीमी वृक्षों में लालटेनों की तरह
टँगी बकरियों और तेंदुओं को
ढलानों से आवाज लगाते हुए उतरते चरवाहों को
घरों-आँगनों में चित्र उकेरने के लिए
खड़िया माँगती आदिवासी युवतियों को

कुछ अलग ही तरह के काम हैं खदानों और तेल के कुओं के पास
सुन्दर-सुन्दर कामों की कैसी सुन्दर बुनावट है कायनात में
चाँद के नीचे उड़ते पक्षियों को देखते सोचते रहता हूँ अक्सर रात में

सोच में डूब जाता हूँ कभी-कभी तो नींद उचट जाती है

चींटियों की सेनाओं से ज्यादा उम्मीद है पृथ्वी को
राष्ट्रपतियों की सेनाओं के बजाय

1.9.17

# मार्च में वर्षा

रात भर पानी रहा गिरता
कर्ज-कर्ज का शोर मचाती रही
फूस की छान पर बौछार
आपदा की घड़ी जैसी बर्फ, ओले
भीत से टकरा उछलकर फोड़ते लिलार
कटी सरसों को डुबाता
पकी फलियों को गलाता
रात भर पानी रहा गिरता
रात भर होती रही
मार्च में वर्षा

होगा क्या अप्रैल के
महीने में स्वाभिमान का
किसके काँधे सर रहेगा
मई में ईमान का

सात महीने के शिशु की
पसलियों सा
चल रहा है काल

रात भर पानी रहा गिरता
रात भर होती रही
मार्च में वर्षा

**4.3.15**

# दुख

दुख मेरे भीतर टहल रहा है

संकट की तरह एकाएक नहीं आया है यह
बरसों चलने के बाद पहुँचा है मुझ तक
इसके आने की आहट थी मुझे

अब जब आ ही गया है
बस ही गया है मुझमें
मेरे साथ रहने के लिए

एक ही जगह रहते हैं तो
सजल आँखें चार भी होती हैं

जीवन में मेरे हिस्से के आकाश की तरह
हटा नहीं सकता इसे मैं
बदल नहीं सकता इसकी शक्ल-सूरत
कम-अधिक नहीं कर सकता इसका ताप

निवेदन नहीं कर सकता इससे
सहनीय होने के लिए

**5.6.13**

## आस का उजास

ममेरी, चचेरी, फुफेरी बहनें
उनके फोन आते हैं देर रात
जिन्हें वे हिम्मत करके करती हैं
महीनों सोचने के बाद
एक आस का उजास
जिसे बचाकर रखा था
आड़े वक्त के अँधेरों के लिए

उन्हें अफसोस से भर देती है
उधर से आती
सूखा खाई आवाज
फोन को
कान के समीप
रोके रहते बनता है न छोड़ते

मर ही थोड़े गई थीं
क्यों सताया
सीधे सरल भाई को
क्यों फोन किया उसको

उधर भाई
झाँकता है लीपन उघड़ी दीवार पर

निर्निमेष
रण हार हो गया हो जैसे

होते तो छूटते कैसे नहीं
मेरी छाती से पैसे

4.10.14

# बुआ से

वे बीज कहाँ रख गईं बुआ तुम
वे काले, भूरे, मेहँदिया,
धूल और राख रंग के बीज
जिन्हें फटकती थीं तुम अक्सर
धूप दिखाती थीं आँगन में फैलाकर
सकेलकर रखती थीं धूप परे होने पर
मैं सबसे पूछता फिर रहा हूँ तुम्हारे घर में
मेरी बुआ की वे बीजों भरी काली कूलड़ियाँ कहाँ हैं

अन्तिम पलों में
जब वो घर की दीवारों को निहारना चाह रही थी
जिन दीवारों को वो जीवन भर लीपती रही
जिन पर मोर, बेल और फूल उकेरती रही
क्या पूछ रहे थे तुम उसे घेरकर
तुम उससे चाँदी की बँगड़ी,
पौंच और टणके के बारे में पूछ रहे थे

तुमने उन कूलड़ियों के बारे में नहीं पूछा
जिनमें बुआ ने सत्तर से अधिक वर्षों तक
प्राचीन बीजों को सहेज कर रखा

प्यारी बुआ
इस बार तुम खेतों के पार नहीं

धरती के पार चली गई हो लाठी टेकती हुई
आज झाबुआ में एकाएक तुम्हारी याद उमड़ आई
मैंने यहाँ देखा चकरी के बीज को
घर की भीत पर छींटा हुआ था आदिवासियों ने
मैंने माँगा तो उन्होंने मुझे कुछ बीज दिए
एक सूखी चकरी दी जिसमें बीज बज रहे थे

इतने बीज बहुत हैं न बुआ
अगर खेत बच सके तो
एक क्यारी में छींटने के लिए

2012

# राहत

लड़की शिशु को दफनाने के लिए
हद से हद दो चले जाते थे
इतना नन्हा शव
इतने नन्हे गड्ढे तो अपने आप ही बने होते थे श्मशान भूमि में
उसमें रखकर मुँदी आँखों और बन्द सूखे होंठों पर मिट्टी पूर कर
आते हुए उदास होते थे चेहरे पर भीतर राहत भी रहती थी

31.7.16

# माँ

बुखार, खाँसी, पसली चलना
कोई कमी न थी कारणों की
किसी भी बहाने से मृत्यु आ जाती
शिशु को लील जाती असमय ही

माँ विचलित रहती
गेहूँ साफ करते
बाजरा फटकते
सोचती रहती प्रसव से पहले और बाद के दिनों को

दिन बीत जाता
धूप दीवारों से उतर कर चली जाती
रात हो जाती
एक के बाद एक हरेक की आँख लग जाती
माँ को नींद न आती
उसके धैर्य का बाँध टूटने लगता

वह बाखड़ में आकर बैठ जाती
मुँह ढककर देर तक विलाप करती
रात की ओस से उसके कपड़े सील जाते
बैठे-बैठे भोर हो जाती
उठकर बाड़े से गोबर उठाने लगती

बाल्टी लेकर दूध दुहने बैठ जाती
चिमनी जलाकर चूल्हे पर पानी गरम करने लगती

उसे जागा हुआ पाकर
कोई पानी माँगता
कोई आग

31.7.16

# सन्देश

अब तो मेल है मोबाइल है
पर गाँव में अभी भी
सन्देशवाहक माँगकर लाई गई साइकिल से उतरता है
सबने रात का खाना तो खा लिया पूछता है
छप्पर में बिछी हुई खाट पर बैठते हुए कुछ कहता है
आँगन में ओस से भीगती एक स्त्री विलापती है देर तक

यह भी तब है जब संयोग ऐसा बन जाए
इस विपुल पृथ्वी पर हर युग में
अनपहुँचे रहे हैं
सदा ही कुछ सन्देश

5.12.16

# नीरव

सूखी पीली घासों की गन्ध
हवा में हिलते फूल और खूँटों से बँधे पशुओं की साँसों के सिवा
कोई शब्द नहीं गाँव में

कृषक पिता और पुत्र
आए हैं गाँव के अपने सूने घर में
खेतों से थके-हारे आए हैं वे
रोटी तलाश रहे हैं
पत्थर के बर्तन के नीचे
चार रोटियाँ हैं

पता था कि भाजी नहीं होगी
आते हुए मूँगफली उखाड़ लाए थे रास्ते के खेत से
पिता छील रहा है कच्ची मूँगफली
पुत्र को मिल गई है जाँवणी के तल में एक खौंच छाछ

पिता मूँगफली के दाने और दो सूखी लाल मिर्च पीसता है सिलबट्टे पर
पुत्र एक खौंच छाछ मिलाता है उसमें
दोनों दो-दो रोटी खाते हैं इस लगावन से

सुस्ताते नीम तले की खाटों में अगर फुर्सत होती
चळु की और चल दिए पैरों में जूतियाँ डालते हुए खेतों की ओर

2.7.14

# अँधेरे में श्रम

शाम के बाद अँधेरा घिरने पर भी
अँधेरे में ही काम में लगा रहता हूँ
अँधेरे में ही पानी देते थे पुरखे खेतों में
अँधेरे में ही गेहूँ बरसाते थे हवा चलने पर
अँधेरे में ही भूसा ढोते थे रात-रात भर

पुरखों के कच्चे घर अक्सर ढह जाते थे
वे मलबे में खोज-खोज कर वस्तुएँ निकालते थे
मिट्‌टी हटा कपड़े से पोंछ-पोंछकर एक ओर रखते जाते थे
अब बाहर उतना नहीं ढहता
जितना अक्सर भीतर ढह जाता है
मैं मलबे से खोज-खोज कर टूटी-फूटी भावनाएँ
उठाता हूँ
सहेज कर रखता जाता हूँ

बिना प्रकाश और ढही हुई परिस्थितियों में
जीवनयापन की कोई इच्छा नहीं है
पुरखों से चला आता अभ्यास है जो बना हुआ है
इसका बड़ा सहारा है

8.12.16

# कुछ ही लोग

जब उन्हें लगता है कि आपको उनकी जरूरत है
वे खदान से निकलकर आते हैं
खेत छोड़कर आते हैं
भैंस का दूध किसी और को दुह लेने के लिए कहकर आते हैं
दूकान बन्द करके आते हैं
दफ्तर से छुट्टी लेकर आते हैं
सबके ही जीवन में बहुत नहीं
कुछ ही लोग होते हैं
जो आते हैं
वक्त–जरूरत

9.12.16

## आतप में पेड़

साधारण पेड़ हैं ये
सूखते हुए जीते हुए

मेरे इलाके के गरीब हैं ये
जीवन के प्रेम में पड़े हुए

7.2.15

## इतना नहीं

इतना मीठा मत फुसफुसाओ ओ हवा
कि लगे जैसे कान के लवों पर होंठ रख दिए हों
इतना करीब मत दिखो ओ चाँद
कि हाथ बढ़ाकर छूने का जी करे
इतना मुझमें मत गहराओ ओ रात
कि लगे जैसे खून में बह रही हो
इतना पास मत आओ ओ पृथ्वी कि टकरा जाओ
कि तुम कोई और ग्रह हो, मैं कोई और ग्रह हूँ

**27.11.12**

# सारस

सारस का जोड़ा
डोल रहा है खेतों में
औरतें लगी हैं खरपतवार हटाने में
युवतियाँ भी हैं कई इनमें
जो होंगी ही किसी न किसी के प्यार में
उनकी यह उम्र ही ऐसी है
बार-बार खड़ी रह-रह कर
देखती हैं दूर-दूर तक

थोड़ी ही दूरी पर
चरागाह में चरती भेड़ों के बीच खड़े
गड़रिए से बातों में लगने की कोशिश करता
जाने किसका प्रेमी है यह
जाने कौन है
जो आई नहीं है

28.4.13

# जैसे

जैसे पेड़ को नहीं बताना पड़ता
क्यों बैठा हूँ उसकी छाँव में
जैसे राह को नहीं बताना पड़ता
क्यों चल रहा हूँ उस पर
जैसे नदी को नहीं बताना पड़ता
क्यों जा रहा हूँ दूसरे किनारे
जैसे बादलों को नहीं बताना पड़ता
कहाँ तक चलूँगा उन्हें देखता

जैसे तुम्हारे चेहरे को नहीं बताना पड़ता
क्यों पड़ा हूँ उसमें, घास में नाव की तरह
जैसे तुम्हारी आँखों को नहीं बताना पड़ता
क्यों तोते की तरह लौटता हूँ इन्हीं कोटरों में
जैसे तुम्हारे कानों को नहीं बताना पड़ता
क्यों सुनाई देता हूँ फूलों के टपकने की तरह
जैसे तुम्हारे बदन को नहीं बताना पड़ता
क्यों तुम्हारे नहाने का पानी हूँ मैं

27.4.13

# कि

उन दिनों मैं उसके बारे में बहुत सोचता था
वह मेरे बारे में सोचने को हँसकर टाल देती थी
मैं सूखी नहर के किनारे घास के निशानों के पास
मिट्टी में जाकर बैठ जाता था और
सोचता ही रहता था
हरी टहनियों की छायाओं के पीछे
डूबते सूरज को देखते हुए
सारस सिर के ऊपर से कब निकल गए डैने फैलाए
पता ही नहीं चलता था इतना डूबा रहता था
तब भी वह मेरे बारे में नहीं सोचती थी
उसे क्या पता रहता था कि
मैं इतना सोचता हूँ उसके बारे में
मेरी हालत यह थी कि
मैं रात को भी एकाएक उठकर
छत पर चला जाता चाँद को देखता
हालाँकि मैं देखना चाहता था उसे
ऐसा दो बरस से अधिक
कुछ और महीनों तक रहा
धीरे-धीरे अपने आप ही
कम हो गया उसके बारे में सोचना
जैसे नदियाँ क्षीण होने लगती हैं
यह सोचकर दुखी भी रहता था कि
उसने शायद अभी भी नहीं सोचना शुरू किया मेरे बारे में

किया होता तो मुझमें कुछ परिवर्तन जरूर आया होता
जब मैं उसे पूरी तरह भूलने लगा उदास होते हुए
एक दिन उसकी ओर से मिले सन्देश से मुझे पता चला कि
वह इतना अधिक सोचती है मेरे बारे में जिसकी
मैं कल्पना ही नहीं कर सका था
पर मैंने उसके सन्देश का कोई जवाब नहीं दिया
क्या जवाब देता
क्या कहता उससे कि...

30.9.14

# याद

मैं जमीन पर लेटा हुआ हूँ
पर बबूल का पेड़ नहीं है यहाँ
मुझे उसकी याद आ रही है
उसकी लूमों और पीले फूलों की

बबूल के काँटे
पाँवों में गड़े काँटे निकालने के काम आते थे
पर अब मेरे पास वे पाँव ही नहीं हैं जिनमें काँटे गड़ें

मुझे अपने पाँवों की याद आ रही है

1.10.14

# सपने

मैं उमर दर्जी के पास गया
मैंने अपने सपनों का कपड़ा उसे दिया
इसका क्या बन सकता है पूछा
वह खामोश बयालीस साला तजुर्बेकार
गमगीन आँखों से मेरे चेहरे की तरफ देखने लगा
क्या बनवाना चाहते हो उसने नहीं पूछा
उसने सपनों के कपड़े का फैला हिस्सा हटा दिया
ताकि वह बहुत ढीला रहे न थोड़ा
मैं उसे लेकर लौट आया
रास्ते में तालाब के पत्थर पर बैठकर मैंने उसे धोया
झाड़ पर सूखने के लिए फैला दिया
साँझ जा रही थी
रात होने से पहले मुझे घर पहुँचना था
मेरा जीवन छोटा हो गया था

1.10.14

# नींद का समुद्र

ओस भीगी घासों की गन्ध से भरे
पाटोर के अँधियार में
कैसे लहँगा सरसराते हुए
खड़ी हुईं तुम बिस्तर पे

फिर लूगड़ी का पल्ला लिया तुमने
फिर लोभी चाँद ने ताका तुम्हें

हिल गया मेरी नींद का समुद्र
जाग गया मैं
तुम्हारे जागने के अमर दृश्य को
देखते हुए
देखता रहा तुम्हें
अँधियार में पाँव धरते हुए
जाते हुए

5.3.14

# पीली लूगड़ी

बाल्टी में कपड़े रखकर नहाने आईं जो घाट पर
कपड़ों के नीचे छिपाकर लाईं तुम थोड़ा अनाज
रास्ते में छप्पर की दूकान से लिया साबुन
जिससे धो रही हो लूगड़ी
जिसमें भरी है खेतों की खक
और एक छुअन की धक-धक

गाँव की लड़कियों का एक गोल
गया है गाते हुए तुम्हारे पास से—
'पीली लूगड़ी को कलर उड़ै बँधा का पाणी सूँ'
घासों, पेड़ों और पक्षियों के लिए ही नहीं है सृष्टि में यह दृश्य—
तुम्हारी आँखों में छल-छल आँसू

13.8.15

# सफेद कमीज

देखो, दबे-दबे कैसी गल गई है
हाथ में लेते ही कैसे टूट जाती है

पुरानी उधड़नों, तुरपनों से अधिक
पीटने-फाड़ने के निशान हैं
धब्बे और छींटे साबुत हैं
गुलाल के भी हैं
खून के भी
वक्त ने सब सुखा दिया है

सब इसे कूड़े में फेंकने की कह रहे हैं
पर किसी सूनी जगह से झाँक रही कोई
नट रही है

उसकी निस्स्वर आँखें कह रही हैं
होली तक इन्तजार कर लो
होली पर इसे होली में जला देना
फागुन में ही जलाना इस उजली सफेद कमीज को

कैसी पीली दुपहरी हो रही है
क्या किसी घर में
पाटोर की औलाणी में बैठी
कोई रो रही है

खोज में इधर-उधर भटकने पर घरों में
गाँव के निर्जन पथों
फूस-फर्रों पर आई दीवारों की छायाओं में
तपते पहाड़ के सूखे घौंक
तालाब के पीलू करील के मैदान में
सब जगह वही
चिलकती पीली दुपहरी हो रही है
हरेक जगह वही
अकेली बैठी
कहीं कोई रो रही है

3.8.13

# बिछुड़ने के बाद

बिछुड़ने के बाद तीस साल
कोई कम बात नहीं
मिल भी जाएँ तो पहचानना मुश्किल
पहचान भी जाएँ तो बच निकलने से बढ़िया कुछ न लगे

याद करो तीस बरस पहले के जीवन को
जिसे अभी खिलना था
याद करो उसके तीस बरस बाद को
जब यह जीवन खिल भी चुका और झर भी गया
कुछ और झरना शेष है

तुम्हारा जीवन भी इतना तो झर ही गया
कौन जाने समूचा ही झर गया हो
हवा बुहार ले गई हो शायद यादों के सूखे पत्ते भी
पर जैसे कि मैं किसी अनहोनी का शिकार नहीं हुआ
और जीवित हूँ
तुम्हारे जीवित होने की कामना करता हूँ

तुमने इस संसार में रुचि बनाए रखने के लिए
क्या-क्या जतन उठाए
जैसे कि मैंने उदासियों को
किताबों की उदासियों के साथ घुला मिला दिया

नहीं, कोई पीड़ा नहीं
मलाल जैसा कुछ भी नहीं
पर जीवन में यादों को बसाना भी कम मुश्किल काम नहीं
याद करके रो सकने की तो बात ही दूसरी है

24.4.13

# रेल-1

मैंने कहा था रेल से
कभी आऊँगा देखने
जब तुम कोहरे में डूबी होगी

कितना भी शीत हो जंगल में
मैं पटरियों के आसपास घूमते हुए
यह अनुमान लगाऊँगा
कि इस वक्त तुम यहाँ हो कि नहीं

और आज
जब इस शिशिर की सबसे उजली चाँदनी फैली है
धरती और आसमान के बीच फैले कोहरे के दरिया पर
मैं खड़ा हूँ गुमटी के पास
ओस में भींजता

और यह तुम हो
तुम्हारी साँस की सीटी सुनाई दे रही है मुझे

और अब तुम बढ़ रही हो जंक्शन की ओर
धीमे-धीमे कुछ खोजते हुए

31.1.12

## रेल–2

अब रेल से प्यार है तो वह
जब जहाँ मिल जाए
हर रूप में अच्छी लगती है

लेकिन सबसे अच्छी तब लगती है
जब वह उजाड़ में
अकेली हिरनी की तरह छलाँगें भरते हुए
अथक भागती हुई
आँख से ओझल ही हुई जाती है मेरी

उसे क्या पता कि मैं उजाड़ की हवा में
सरसराहटों से भरे खेतों के बीच खड़ा
बिना पलक झपकाए
आँखें जमाए था उस पर

30.1.12

## तुम्हारा हिस्सा

तुम्हारे हिस्से के मेरे पाँव
कोई दूरी तय नहीं करते
तुम्हारे हिस्से के मेरे हाथ
पड़े रहते हैं निकम्मे

तुम्हारे हिस्से के मेरे होंठ
ढक गए हैं दिनों की धूल से
तुम्हारे हिस्से की मेरी आँखों में
फैला पड़ा है सपनों का असबाब

13.8.15

## बदनामी

वह किसी और की बदनामी थी
मेरे आगे आकर खड़ी हो गई थी
उसमें कुछ भी असुन्दर नहीं था
सुन्दर ही लगी मुझे वह
मेरे पास मेरी अपनी ही बदनामियाँ
बहुत हैं—मैंने कहना चाहा
मगर मुग्ध हो गया मैं
उसकी कथा की मुश्किल पर
तुम कहो तो मैं जा भी सकती हूँ
भटकती रहूँगी अकेली पीपलों के नीचे
उसने कहा विरक्त भाव से
भटकोगी क्यों—मैंने कहा आसक्त भाव से
मेरे जीवन में रहो मेरे अस्तित्व तक

मुझे अपने बचपन के किस्से याद आए
जिनमें किसी को भी
यह कहते हुए जगह दे देते थे लोग
चार बच्चे हमारे हैं
क्या उनके बीच यह पाँचवाँ नहीं धिकेगा
जैसा रूखा-सूखा वे खाएँगे
यह भी खा लेगा, हमारा क्या लेगा

बदनामी मुस्कराई
उसकी आँखें भर आईं
मुझसे लिपट गई
लिपटी रही

4.12.16

## सपना

सपने में तुमने बुलाया
और मैं आ नहीं सका

कितना आसान था
खुद के सपने में तो कम से कम
तुम्हारे बुलाने पर
तुम्हारे पास आता
पर नहीं आ सका

तुमसे मिलने की चाह न होती
तो मुझे सपना ही क्यों आता
नींद में मिलना था
सच में तो मिल नहीं रहे थे
कि कोई डर सताता
समय भी किसी का
बर्बाद नहीं हो रहा था
न तुम्हारा न मेरा

कैसा जंजाल था जी का
मेरा ही दिमाग बुला रहा था
मेरा ही दिमाग मना कर रहा था
हड़बड़ा कर जागा
बस की चपेट से बचते

सोचने लगा
क्या सोचा होगा तुमने
क्यों नहीं आया मैं मिलने

सुदूर चली गई चेतना
जैसे-जैसे लौटी
मैंने पाया
अरे तुम्हारा और मेरा तो
कोई लेना-देना ही नहीं

**11.11.18**

# प्रेम और पाप

बुआ की उन आँखों की रोशनी चली गई
जिन आँखों से युवापन में
किसी को प्यार से देखने के कारण दो बार बदनाम हुई
कुछ भी अच्छा न चल रहा हो तो
प्रेम जैसी अनुपम घटना भी पाप से सन जाती है

बुआ का प्रेम पाप कहलाया और उसे उजाड़ गाँव में ब्याह दिया गया
अब बुआ बूढ़ी हो गई थी और उसका प्रेम एक लोककथा
उसका बेटा उसे गोबर के कंडों के घर में रखता था
प्रेम जैसी अनुपम घटना के बदले में बुआ को पाप जैसा जीवन मिला

3.12.16

# नया-पुराना

छाया पार की धूप में चमकते काँसों पर भी आ गई है छाया सन्ध्या की
खेतों में काम करती मजदूरिनें चली गई हैं रात का चूल्हा सुलगाने

धरती के आरम्भिक शाकों से कुछ कम पुराना है धरती पर यह दृश्य
धरती की आरम्भिक वनस्पतियाँ ज्यादा पुरानी हैं
मगर अभी-अभी माँ के गर्भ से बाहर आई
शिशु के गले से निकली ध्वनि जितना नया है यह दृश्य

नया, धरती के आरम्भिक शाकों जितना पुराना हो जाएगा
तब जो नया होगा
क्या वह माँ के गर्भ से बाहर आएगी जो शिशु के गले से ध्वनि
उससे नया होगा

सबसे नए से अधिक पुराना क्या है भला?

10.12.13

# फीके रंग की शर्ट

जितनी ही फीके रंग की शर्ट है
उतनी ही मीठी यादों से भरी है

पुरानी से पुरानी छुअन को
लिए-लिए फिरे है हर कहीं

झड़ने लगे रूखे रोएँ
गलने लगी साँवरी त्वचा

अन्तिम क्षण तक साथ देना चाहती है काया
अन्तिम क्षण तक साथ देना चाहते हैं धागे

**25.07.18**

## एक बार बात

जब मेरी चिता सजेगी
श्मशान में बैठे लोगों से कहूँगा
अरे अब तो इतनी फ्री कॉलिंग है
मेरी रंजीता से बात करवा दो
वो मेरे साथ काम करती थी
शन्नो से बात करवा दो
उससे मेरी पत्नी बहुत जलती थी

पर मैं जानता हूँ
कोई नहीं करवाएगा
अन्तिम समय में उनसे कोई बात
जिन्हें चाहते हुए
टिक गया इतने दिन पृथ्वी पर पेड़ की तरह

25.07.18

# मोती

मोती के बारे में सुना ही है
कभी देखा नहीं
बहुत बार पढ़ा भी है कविताओं में
ओस के मोती सुनकर अच्छा भी लगा है
कविताओं में घास पर बिछी ओस की चादर
अकाल में भी आँखों को सुकून दे जाती है

इससे बढ़कर किसी हीरा पन्ना
जवाहरात वाले मोती को
न तो कभी देखने की चाह रही
न पाने की

पर इसको इतना दुर्लभ बताते हैं संसार में
सुना है अपार दौलत वालों के पास ही मिलता है
मुझे भी कभी-कभी बहुत ही याद आती है एक बात

बिछुड़ते वक्त कहा था तुमने
हम कभी मिल नहीं सकेंगे
और तुम्हारी आँखों से
दो मोती झर गए थे

11.11.18

# झोंपड़ी और नाव

कभी-कभी लगता है
प्रेम में जितना जान लिया
उतना ही काफी है

और जानना
बचे-खुचे को भी
नष्ट न कर दे कहीं
अमृत कोई बार-बार पीने की चीज
थोड़े ही है

प्रेम में जो मिला
घास-फूस खरपतवार
झोंपड़ी और नाव बनाने के लिए
काफी है

11.11.18

## भद्दे पैर

भाभी कहती थी
इस रंग में मत पड़ो
कोई सोते के पैर काट जाएगा

मैं कहता था
हाँ भाभी
ऐसा हो भी सकता है

मेरे पैर कटने से बच गए
समाज ने सबके लिए राहें बना छोड़ी थीं
जिसके लिए कहती थी भाभी
वह उसके लिए बनाई राह पर चली गई
मैं भी मेरे लिए बनाई राह पर चला गया

मोर की तरह रोता हूँ
देख-देख कर भद्दे पैरों को
ये तो कटे से भी बुरे हैं
उस दिशा में नहीं चले ये
जिस दिशा में चलना था इन्हें

11.11.18

## सफेद चादर

ऐसे ही सो रहा होऊँगा सफेद चादर ओढ़कर
जैसे सो रहा हूँ अभी सर्दी की इस दोपहर

पहली बार सो रहा होऊँगा बिना साँस लिए
पहली बार दिमाग में नहीं होगा संसार

कुछ समय के लिए शरीर रहेगा संसार में मेरे बिना
सांसारिक कारणों से इक्का-दुक्का व्यक्तियों
और बच्चों का इन्तजार किया जाएगा
वे मेरे बिना भी मेरे शरीर को देखना चाहेंगे

और यह शरीर मेरे बिना भी उनकी हसरत पूरी करेगा

मैं नहीं होऊँगा फिर भी मेरे नाम से पुकारा जाएगा
शरीर को तब तक
जब तक कि वह राख न हो जाए
कुछ लोग तो उस राख को भी मेरे नाम से पुकारेंगे

सब शामिल होंगे
एक मैं ही नहीं होऊँगा
इस शरीर के अन्तिम संस्कार में शामिल
जो तमाम उम्र मेरा घर बना रहा

मैं बार-बार कह तो रहा हूँ
लेकिन मालूम नहीं मुझे
कि मैं कहते हुए
आखिर क्या कह रहा हूँ

11.11.18

# विदा

यादों को भी विदा कहने का वक्त आएगा
इच्छा और उदासी जैसे पक्के रंग भी छूट जाएँगे
पानी से खाली घासों की तरह सूख जाएँगी जब यादें
करुणा के जल को भी विदा कहने का वक्त आएगा

10.4.13

# घर का एक बाशिन्दा

सावन की भोर के एक सपने में
धुँधले उजास में खिड़की खोली तो देखा
गर्मी के दिन हैं सारी रात आँधी चली है
रास्ते के पार सामने वाले पड़ोसियों की छत पर
पिता डोल रहे हैं
वे जाने कब से घर में हममें से किसी के जागने का इन्तजार कर रहे हैं
कोई जागे तो वे अन्दर आएँ और चाय के लिए कहें
इससे पहले कि वे खिड़की से झाँकता मुझे देखें
मैंने वापस खिड़की लगा दी
और ओढ़कर सो गया
और पिता को कोसने लगा
ये कहाँ से आ गए एकाएक
और वहाँ पड़ोसियों की छत पर क्यों सो गए
ये क्यों हमारी बदनामी करवाने पर तुले हैं
ये पड़े क्यों नहीं रहते वहाँ जहाँ पड़े रहते हैं
क्यों बार-बार हमारी नाक में दम करने चले आते हैं
आखिर ये चाहते क्या हैं
ये जानबूझकर हमें और बच्चों को परेशान करने के लिए चले आते हैं
या तो कुछ पैसों की जरूरत होगी
या बीमारी का बहाना लेकर आए होंगे

मैंने ओढ़ी हुई चादर हटाई
फिर से खिड़की खोली

बाहर झाँककर देखा
वहाँ कोई नहीं था
इस दफा मैंने सपने में नहीं
वास्तव में जागकर खिड़की खोली थी
और बाहर किसी को भी न पाकर एकदम खुश हो गया था
सपने ने जो इतना तनाव दे दिया था वह एकदम चला गया था

चाय बनाते हुए मैं सोच रहा था
घर का एक बाशिन्दा घर में आना चाहता है
वह कोई भी हो सकता है
परित्यक्ता बहन
विधवा बुआ
बेरोजगार छोटा भाई

सपने में होता है कि
घर छोड़कर चला गया भाई
सात साल बाद उसी दशा में वापस आ गया है
हम परेशान हो जाते हैं
विधवा बुआ वापस आ गई
हम बुरी तरह परेशान हो जाते हैं
जबकि मालूम है कि वह रेल की गुमटी के पास
झोंपड़ी डालकर रहने लगी है
परित्यक्ता बहन बच्चे को गोद में लिए दरवाजा खोलने के लिए
धीमे-धीमे पुकार रही है
जबकि मालूम है कि अब वह इस दुनिया में नहीं है

24.7.16

# शिशु और वृद्ध

घर में जीवन जीने आए शिशु की तरह
घर में जीवन जी कर जा रहे वृद्ध की देखभाल होनी चाहिए

एक में आई नहीं हैं अभी जीवन का भार खुद उठाने की क्षमताएँ
एक को चली गई हैं छोड़कर जीवन का भार खुद उठाने की क्षमताएँ

वृद्ध को शिशु की तरह गोद में लिए जाने की जरूरत है
शिशु की तो एक माँ है जो अपने आप ले लेती है उसकी सारी जिम्मेदारियाँ
वृद्ध की माँ तो नहीं अब इस दुनिया में
कौन उसका बिछौना बिछाएगा
कौन उसका पेशाब से गीला बिस्तर हटाकर सूखा बिस्तर बिछाएगा
कौन उसके असमय भूख से चिल्लाने पर आधी रात में जागकर उसे खिलाएगा
उसे तो आता नहीं अब थाली से कौर खुद उठाकर मुँह में लेना
हम जो उसके बेटे-बेटी नाती-पोतियाँ हैं हम सबको उसकी माँ बनना होगा
हम नहीं बनेंगे तो कौन बनेगा माँ
कैसे जिया जाएगा यह जीवन माँ के बिना

पाल-पोस कर बड़ा करके जीवन में प्रवेश दिलाने के लिए माँ की जरूरत होती है
जीवन जीने की क्षमता नहीं रह जाने पर जीवन से नाम कटने के वक्त भी माँ की उतनी ही जरूरत होती है

किसी को तो बनना होगा वृद्ध की माँ ताकि वृद्ध उसकी अँगुली थाम कर
जीवन से सुरक्षित वापसी कर सके

जीवन-शैया के पालने में सोये शिशु की तरह मृत्यु-शैया के खटोले में
सोया वृद्ध हाथ-पाँव चलाता है
वह हमें चिड़िया, गिलहरी, बादल और आकाश की ओर झँकाता है
शिशु का बन रहा शब्दकोश जितना सीमित है वृद्ध का सिमट रहा शब्दकोश
भी उतना ही सीमित है
सीमित शब्दों से बनी भाषा से हमें उसकी असीमित बातों को समझना है
शिशु की अनगढ़ बातें सुनकर बरबस फूटती है हमें हँसी
वृद्ध की अटपटी बातें सुनकर खीजना, झल्लाना और रो देना नहीं होगा हमें
हमें हँसना ही होगा ठूँठ की तरह खामोश पड़ने के बजाय
हमारी प्रतिक्रिया से रस आना चाहिए वृद्ध को
यह न हो कि हमारी चुप्पी कर दे उसे उदास
शिशिर की हवाओं की तीखी मार से बचाते हैं हम शिशु को
शिशिर की हवाओं की तीखी मार से बचाए जाने की उतनी ही जरूरत
है वृद्ध को
हमें गरमाइश की व्यवस्था करने की जरूरत है
उसके बाद भले ही शिशिर की गीली हवाएँ ले जाएँ उसे अपने साथ

प्रकृति की अपनी एक व्यवस्था है
पेड़ के पीले पत्ते को बहा ले जाती है हवा
आयु के दरख्त पर पूरे हुए जीवन को ले जाता है काल

4.12.06

# भादौ की साँझ

देर साँझ पछाँही हवा बहने लगी
मैदानों, पहाड़ों, जंगलों के हिलने की आवाजें आने लगीं
पेड़ों के पंख फड़फड़ाने लगे
लगा जैसे उड़ जाएँगे
और जिनके पंख थे
वे पेड़ों में आने लगे
पानी के पहाड़ फिर गड़गड़ाने लगे

13.8.15

# भादौ में याद

भादौ आ रहा है
झमर-झमर हवाएँ चल रही हैं काली बदलियों भरी
याद आ रही है स्त्री
सहरिया आदिवासी
याद आ रही है गीत की पंक्ति
जो उसने सुनाई थी

रही होगी उस जैसी ही कोई स्त्री
जिस पर किसी घुड़सवार ने किया होगा कभी अत्याचार
अब न वह स्त्री थी न घुड़सवार

मगर अभी भी था उसके आसपास अत्याचार
सो वह भूलती नहीं थी
बल्कि आत्मा को भेदती
जल भरी आवाज में गाती थी—

'तेरे घुड़ला को डसियो कारो नाग
भादौ की तोपै बिजुरी पड़ै'

2.8.16

# विरल

इस अविरल समय में
ये आँसू विरल हैं
कैसे सहेजा तुमने इन्हें

जाने कब से छिपाकर रखी गई
बातें सामने आ रही हैं

एक सादा सी इच्छा का
बरसों दूर तक पीछा करना
चलो नहीं पूछता हूँ कि कैसे सीखा

मगर आह!
कितने बरसों से एक-दूसरे का चेहरा
ऐसे ही देखा रास्ते के झाड़ की तरह

चलो अब घर चलें
मेघों में दहक रहे हैं लपट के फूल
घटाओं को ठेलती हवाओं में हिलते फूलों से
कौंध रहे हैं धरती-आकाश

**3.8.13**

# गाय

साँझ ढलने
और इतना अँधेरा घिरने पर भी
घर नहीं लौटी गाय
बरसा में भीगती मक्का में होगी
या किसी बबूल के नीचे
पानी के टपके झेलती

पाँवों के आसपास
सरसराते होंगे साँप-गोहरे
कैसा अधीर बना रही होगी उसे
बन में कड़कती बिजली

रो तो नहीं रही होगी
दूध थामे हुए थनों में
कैसा भयावह है अकेले पड़ जाना
वर्षा-वनों में

जीवन में जब दुखों की वर्षा आती है
इतने ही भयावह ढंग से अकेला करते हुए
घेरती हैं जीवनदायी घटाएँ

1.7.13

# हमारी नदी

हमारी नदी में केवल बारिश में ही बहता है पानी
महीने भर बाद बारिश के
वह सिलसिलेवार डबरों में बदल जाती है
सर्दियों के आते-आते
डबरे बदल जाते हैं गीली चिकनी मिट्‌टी में
कोहरे के मोर टहलते हैं वहाँ सुबहों और शामों में
और आते-आते गर्मियाँ
दुपहरियों में नाचती है भूरी रेत यहाँ
पीली धूल नाचती है रातों में

सूखी गरम हवाओं की लम्बी ऋतु ने
सैकड़ों मील दूर तक डेरे डाले हैं अपने
पानी के अपट अभाव
और प्यास के गहरे भराव से
अजब डौल है जब पूरे इलाके में
अपनी हैरान-परेशान खलक को बुलाती है नदी
कहती है रेत में लगाने को
मतीरे, प्याज, टमाटर, ककड़ी
गर्मी की चिलचिलाती दोपहरियों में
जब सूख जाते हैं ऊँटों के भी हलक
ऊँट की पीठ सी धूसर हमारी नदी हरिया जाती है

ककड़ी, खरबूजों, टमाटरों और तरबूजों में

पानी लेता है हिलोर
हमारी नदी के चड़स का पानी
भिगोता हुआ छींटों से
बढ़ता है खलक के सूखे हलक
और गर्म हवाओं के थपेड़ों से
पपड़ाए होंठों की ओर

7.8.12

# हाट

प्राचीन पगडंडियों से चलकर आई थीं वे हाट में
जंगली झरनों से धुले उनके सलोने पाँवों में
सरल रास्तों की धूल थी
हाट में वे आईनों की दुकान पर रुक गई थीं
वे उन छोटे-छोटे सस्ते आईनों पर झुकी थीं

आईनों में दिख रहे अपने चेहरों को
चिड़ियों की तरह खटखटा रही थीं
फिर आगे बढ़ गईं
भायलियों के कन्धों पर
हाथ धरकर खिलखिलाते हुए

कुछ देर बाद
वे आदिवासी लड़कियाँ
हरी छायाओं भरी झाड़ियों
और विशाल दरख्तों के
बियाबान में गुम हो गईं

हाट में दिनभर उड़ती फिरी थी जो धूल
अब आईनों में अपना चेहरा देख रही थी

**2012**

# साँझ में घुली पृथ्वी

भादौं की साँझ के सीले अँधियार में
घुल-मिल गई थी वह स्त्री
ग्वार के सीझते खेत में धँसे हुए चारा काटते हुए
खेत की मेड़ पर लगाए चारे का ढेर
बाँध रही थी वह
उमसी हुई धरती की समूची हवा पिया आसमान
बँधे हुए मेघों से बरसती हुई घाम
पसीने से लथपथ शरीर पर
आ बैठते साँझ के कीट-पतंगों को हटाते हुए हँसिए से
सुनते हुए सियारों का बोलना
टोह रही थी आसपास
कोई हो जो बोझा उठाने में लगा दे हाथ
मगर अब तो साँझ का अन्तिम पक्षी भी
जा बैठा था नीड़ में अंडों के पास
वहीं छोड़ अधूरे काम का ढेर
तेज-तेज कदमों से जाने लगी घर
पसीना उतरने लगा टखनों से बहकर
टिड्डे अभी भी उसकी लूगड़ी और बाँह से लिपटते चल रहे थे
घर पर कोई भी आतुर नहीं था उसे लेकर
कुछ कर रहे थे ब्यालू
कुछ पी रहे थे तमाखू
उसके आने की गन्ध पा

खरैड़े खटोले में अकुलाता शिशु लगा रोने
वह परात में पानी ले
लगी जल्दी-जल्दी हाथ-पाँव धोने

4.7.13

# हे राम

ये उस लड़की की अस्थियाँ हैं
जो घर और खेतों का काम करने के साथ-साथ
पढ़ भी रही थी सरकारी स्कूल में दसवीं में
जिसे अगले बरस ग्यारहवीं में पढ़ना था
और उससे अगले बरस बारहवीं में
अभी तो दो बरस तक पहनने थे यही
सफेद सलवार, आसमानी कुर्ता और सफेद चुन्नी

गंगा में बहाए जाने के लिए तैयार
मिट्टी के बर्तन में रखे लाल कपड़े से बँधे
दूध से धोए गए
ये उसी लड़की के फूल हैं
जिसके पास साइकिल नहीं थी
जो पैदल स्कूल जाती थी
कभी-कभी किसी सहेली की ड्राइवर बनकर
साइकिल से स्कूल जाने का लुत्फ उठाती थी

दूर-दूर तक के रिश्तेदार जुटे हैं
एक मेला जैसा ही लग गया है
स्त्रियाँ शोकगीत गा रही हैं—

'या रथ तौ गंगाजी कू जायगौ
या रथ तौ सौरोंजी कू जायगौ

भैना नै रोकी आडी गैल
भइया हम भी चलेंगे हो राम।'

फूल लेकर जाने वालों के गले लग रोती स्त्रियों को
वह याद आ रही है
जो पानी का घड़ा लिवा लाती थी
ईंधन और चारे के भरोटे को हाथ लगवा देती थी

देर रात अधेड़ पति के लुढ़क जाने के बाद
शराब के खाली पव्वे उठाते हुए
केवल आँसू ही नहीं बहाती थी वह
यह भी सोचती थी कि ऐसे ही दिन थोड़े ही रहेंगे हमेशा
वह क्या जानती थी कि ऐसे दिन भी नहीं बदे हैं उसके जीवन में

पति द्वारा चूस कर फेंकी हुई
पसलियों-टँगड़ियों को समेटते हुए सोचती थी वह
पिता ने मुझे बेचकर अपनी गरीबी मिटा ली
पति ने मुझे खरीदकर मुझसे पहले वाली के मरने से
खाली हुई जगह भर ली

समाज ने भी यही कहा
दो दिन पीछे क्वारी लड़की
आज इसके कल उसके साथ भागती-डोलती
इसमें बिरादरी की शोभा ही बिगड़ती
इस गरीब का घर बस गया
उस गरीब की लड़की ठिकाने लग गई और क्या चाहिए था

वह पति भी है गंगाजी को जा रही जीप में
जो एक बार पहले भी एक पत्नी के हाड़ पटक आया है
और अब दूसरी के पटकने जा रहा है

जीप में बैठे थके बूढ़े सांत्वना दे रहे हैं उसे
इस बेचारे का तो तकदीर ही मट्ठा निकला है
वरना सोलह साल की जवान पट्ठी
कोई मरने लायक थोड़े ही थी

रात हो गई गंगाजी तक पहुँचते-पहुँचते
गंगाजी के पंडे जगाए गए
बड़े-बुजुर्गों ने पगड़ियाँ-गमछे घाट की घास पर रखे

मिट्टी के बर्तन को उलटाया गया
रात के अन्धकार में गंगा जल पर दिखाई दीं
जली हुई कोमल सफेद अस्थियाँ
जिन्हें अभी बढ़ना था
मजबूत होना था आक्रामक जीवन का सामना करने के लिए
वे अँगुलियाँ जल पर तैर रही थीं
जिन्हें दो महीने बाद होने वाली परीक्षा में
उत्तर पुस्तिका में उत्तर लिखने थे प्रश्नों के

1.5.13

## दबंग

गाँव के वे दबंग कभी दबंग जैसे लगे नहीं थे
हम जैसा ही ओढ़ते पहनते बिछाते थे
हम जैसा ही खाते-पीते थे
हम साथ-साथ ही होली-दीवाली मनाते थे
गाँव में होली खेलने हम सब साथ-साथ ही
नाचते-गाते-बजाते हुए घर-घर गुलाल उड़ाते थे
उनके पास भी पशु थे हमारे पास भी
वे भी औरतें-बच्चे बड़े-बूढ़े मिलकर
खेत-खलिहान में जुटकर काम करते थे हम भी
जाति भी हमारी एक ही थी धर्म भी

बल्कि एक दिलचस्प पहलू यह था कि
हमारे घरों में उनसे ज्यादा पढ़े-लिखे लोग थे
दो-चार सरकारी नौकरियों में थे
राज्य के प्रशासनिक पदों पर थे
पत्रकारिता, समाज सेवी संस्थाओं में थे
दो-चार परिवार देश के विख्यात नगरों और
राज्यों की राजधानियों में जा बसे थे

इधर उन्होंने गाँव में ही तरक्की की
जमीनें खरीद लीं, ट्रैक्टर खरीद लिए
मोटरसाइकिलें उनके बच्चे-बच्चे के पास थीं

दो घरों में जीप थी, एक की बस चलने लगी थी
दो-एक लड़कों के पास बारह बोर थी
एके सैंतालीस उनके किन्हीं परिचितों के पास थी
दो-चार लड़के अफीम और हथियार तस्करी वगैरह में थे
उनकी राजनीतिक ताकत बहुत बढ़ गई थी
इलाके के विधायक-मंत्रियों की गाड़ियाँ आते-जाते
उनके यहाँ रुकने लगी थीं
वे पार्टियों के वोट-बैंक कहलाने लगे थे

तब भी हमारे और उनके रहन-सहन, खान-पान
रीति-रिवाज में कोई फर्क नहीं आया था
वही उठना-बैठना आना-जाना था
हँसी-खुशी, रोग-शोक, दुख-व्याधि में शामिल होना था
उनकी बकरी को भी कुछ हो जाए तो हम दौड़े जाते
हमारी बाखड़ में साँप दिख जाए तो वे दौड़े आते

पर अभी पिछले दिनों उनके कुछ लड़कों ने
हमारी एक बच्ची के साथ बलात्कार किया
जब नया जीवन शुरू करना था उस मासूम को
सब कुछ ज्यों का त्यों छोड़, यह संसार छोड़ जाना पड़ा

उनके कुछ बड़े-बुजुर्गों ने खेद व्यक्त किया
जमाना बदल जाने की बात कही
नई औलादें तो सब जगह ऐसी ही हैं ऐसा कुछ कहा
किसी ने नहीं कहा कि यह अन्याय हुआ
बल्कि कहा कि बात को क्यों उधेड़ते हो
इसे दबाने में ही भलाई है

और इधर हम लोग अपने तमाम गणित लगाकर भी
अपने नगरों और राजधानियों में बसे लोगों तक से

सलाह–सूत मिलाकर भी
चूँ तक न कर सके
तब समझ में आया कि वे सचमुच दबंग हैं
और यह भी कि वे क्यों दबंग हैं?

**24.8.09**

## समाज

साल भर पहले ही जिसने हत्या की है
अभी वह दूसरी क्षुद्रताओं में लिप्त है
समाज में उसके उठने-बैठने की जगह
सीमित नहीं हुई है

औरतों में वह अभी भी
उनका देवर है
जेठ है
पुरुषों में वह अभी भी
उनका भाई है
भतीजा है

जिनकी बेटी को उसने मार दिया
वे अभी भी उसे अपना जँवाई मानते हैं
वार-त्योहार पर बुलाते हैं
विदा में पीले पल्ले की धोती उढ़ाते हैं

ससुर कहते हैं—
होनहार होना था सो हो गया
यों मन में मलाल मत लाना
सालियाँ कहती हैं—जीजाजी फिर आना

वह जिसकी हत्या उसने कर दी थी
भात-शादियों में अभी भी उसके कपड़े आते हैं
जिन्हें अब वह ओढ़ती है जो उसकी जगह आई है
इस तरह वह दो-दो बेस ओढ़ती है
और वह भी दो-दो बेस ओढ़ता है
नई और पुरानी दोनों रिश्तेदारियों से उसके लिए
बाजार में चल रही नई से नई काट के
धोती-कुर्ता रूमाल पहुँचाए जाते हैं

18.3.15

# हश्र

सत की राह जर्जर हो चुकी थी
सभी पुल टूट चुके थे
ध्वंस के अवशेषों पर रह रहे थे लोग
गाँव से जाने के रास्ते तो बचे थे
गाँव जाने के रास्ते नहीं बचे थे
बहनों की स्मृतियाँ तो बची थीं
उनसे मिलने के रास्ते नहीं बचे थे
जबकि वे अब भी जीवित थीं

अब भी नाम थे रिश्तों के
लेकिन सिर्फ नाम
रिश्ते नहीं बचे थे

हरेक का एकान्त हर लिया गया था
हरेक को अकेलापन दे दिया गया था
हरेक का काम छीन लिया गया था
हरेक को काम पर बुला लिया गया था

हरेक को अपना अन्त पता था
अन्त पर होगी जो औपचारिकता पता थी
हरेक को वे यादें पता थीं जिनके लिए
सब कुछ छोड़ा जाना था
लेकिन कुछ भी छोड़ा न जा सका था
हरेक को अपना हश्र पता था

18.3.15

# रेशम

रेशम की कहानी रेशमी नहीं

चाँपा-जाँजगीर जाओ तो देखना
सिवनी जाओ तो देवांगनों से मिलना
कोसाफलों से भरी देग में
रेशम के कीड़ों का उबलना देखना
सात उबले कोसा से
सात सूत लेकर
जाँघ पर हथेली से मसल-मसल
रेशमी धागा बनाने वाली
उस वृद्धा को बिना देखे मत लौटना
जिसकी कदली सी जाँघ
दिखती है धातु की सिल सी
जिसके हाथ रह गए
आँख गई

जीवन को खेने के
कैसे-कैसे उद्योग चलते हैं
गरीबों के घरों में
चूड़ी के
नगीने के
अफीम के
कालीन के

फेफड़े के कैंसर के रोगियों की तरह
हर पल मालूम रहता है इन कामगारों को
किसी चिलकती शान्त दोपहर में
एकाएक मुँह से खून आएगा
हलकी चीख-पुकार मचेगी
घर में घोर अँधेरा हो जाएगा

**4.3.14**

# सुख-दुख

कोई बहुत दुखों के साथ चलता है सड़क पर
उसे कोई नहीं जानता है, अपनी वही जानता है
कोई बहुत सुखों के साथ चलता है सड़क पर
उसे सब जानते हैं, वह किसी को नहीं जानता है
बेघर, किसान, मजदूरों को काम ने ही इतना तोड़ रखा है
दुख तो इन्हें जानते हैं लेकिन ये दुख को नहीं जानते हैं
काम करते बतियाते हँसते हैं ठठाकर जब-तब
इसका मतलब ये नहीं कि ये सुखी हैं
यह सुख से बड़ी कोई मार्मिक हरकत है
जो प्राणियों में केवल इन्हीं में होती है और किसी में नहीं

01.08.18

# जनकपुरी

एक कोई सोचने-समझने वाला जिलाधीश आया था
उसने सिवाय चक की जमीन में
शरीर बेचने वालियों के नाम पट्टे काटे थे
कि वे सीले अँधियारे डेरों से निकल कर
रोशनी में कुछ कामकाज करें
पर वे शहर-ए-खामोश के करीब
क्लिनिक चला रहे डॉक्टर आफाक को
जमीनें बेच कर कट लीं

डॉक्टर आफाक ने वहाँ
ईदगाह कॉलोनी काट दी
एकाध प्लॉट रिश्तेदारों को बेचे
मगर ज्यादा नौकरीपेशा लोगों ने खरीदे
जो तरह-तरह की जात के थे

चुनाव आए और गए
प्रदेश में ऐसी पार्टी की सरकार बनी
जिसकी शिक्षा-स्वास्थ्य-रोजगार जैसी समस्याओं के हल की
गति शून्य ही थी
लिहाजा ईदगाह कॉलोनी का नाम बदलकर जनकपुरी कर दिया

10.11.18

## क्रिकेट और साइकिल

जनकपुरी में बच्चे क्रिकेट खेल रहे हैं
मामिर साइकिल चला रहा है

गोलू बैटिंग कर रहा है
बिट्टू बॉलिंग कर रहा है
यक्ष नील नल गयंद फील्डिंग कर रहे हैं
क्रिकेट में बड़ा मजा आ रहा है
मामिर साइकिल चला रहा है

निशा के भाई राकेश ने
साइकिल घुमाते मामिर से कहा
'अब्बू जी खेल ले यार'
'खेलूँगा'
साइकिल एक तरफ खड़ी करते मामिर ने कहा

ओए बिट्टू तुझसे कब से गोलू के गिल्ले नहीं उड़ रहे
ये ओवर अब्बू जी को करने दे
(अब्बू जी यानी मामिर)

अब्बू जी की पहली ही बॉल पर छक्का पड़ा
दूसरी पर चौका
तीसरी पर दो रन

चौथी में गोलू क्लीन बोल्ड हो गया
क्रिकेट में रोमांच बढ़ गया

निशा, मामिर की साइकिल पर
हाथ आजमा रही है
'घुमा ले, घुमा ले' मामिर ने कहा—
क्या चलानी नहीं आ रही है?

अब तो गोलू की मम्मी बुला रही हैं
बिट्टू की दीदी
यक्ष के पापा
गयंद की दादी
हर तरफ से खेल बन्द करने की आवाजें आ रही हैं
मामिर को भी आवाज लगी, 'माऽऽऽमिऽऽर'

पायजामे के अन्दर दबी बनियान में
लम्बी काली दाढ़ी में चमकता गौरवर्ण चेहरा
गली के छोर पर खड़ा था

साइकिल लेकर मामिर
जनकपुरी में अपने अकेले आशियाने की तरफ बढ़ रहा था
बाकी सब भी अपने-अपने घरों की तरफ
निशा भी

8.11.18

# सुन्दर कांड

लोग धर्म के नाम पर चन्दा माँगने आते हैं
हमारे चन्दे से एक चाकू खरीदा जाता है
ईदगाह कॉलोनी का नाम बदल कर
जनकपुरी रख दिया जाता है
एक इलाके में इसकी खामोश प्रतिक्रिया होती है
शाम में शहर में धारा एक सौ चौवालीस लगती है

शहर की पुरानी सिनेमा वाली गली में
फिरोज को युवा वाहिनी के एक सदस्य द्वारा
चाकू मार दिए जाने की खबर आती है
फिरोज को अस्पताल में खून की जरूरत पड़ती है
लोग पहचान लिए जाने के कारण से खून देने नहीं जा पाते हैं
दो-तीन घंटे बाद फिरोज के
नहीं रहने की खबर आती है

दो-तीन महीने बाद
लोग फिर सुन्दर कांड के नाम पर चन्दा माँगने आते हैं
हम फिर सुन्दर कांड के लिए चन्दा देते हैं

1.5.18

# लड़ाई

मेरी लड़ाई किसी धर्म से नहीं है
मेरी लड़ाई अपने अधर्म से है
मनुष्य मात्र का हिमायती नहीं रह पाने के अधर्म से
भगवा या हरे रंग से पुती कंक्रीट की दीवारों को
इनसान से बड़ी मानने को बाध्य होने के अधर्म से

जब गरीब गुरबों की हत्याएँ होते देखता हूँ
गाय का बहाना लेते हुए
धर्म के नाम पर होने वाली बातचीतों में देखता हूँ
मारो-काटो का रंग चढ़ते हुए
दुख होता है
अचरज नहीं

मैं अपनी जगह से हिला ही नहीं
खून खराबों से विचलित हुआ ही नहीं
शरीर है ब्रांडेड कपड़े पहने हुए
शरीर में दिल ही नहीं

मेरी लड़ाई किसी और से नहीं
अपने आप से है

**24.7.18**

# दाह की लकड़ी

मृत्यु तो आती ही है
उसे आना ही चाहिए
सारा जीवन उसी के स्वागत की तैयारी है
उसी के बारे में सोचते-विचारते कटती है उम्र
पर कभी-कभी आती है जैसे वह
नहीं आना चाहिए उसे ऐसे

अभी-अभी जन्मे शिशु तक
आँखें मूँद लेते हैं बिना रोए
मानो जानते हों
मृत्यु है कितनी जरूरी
जीवन के मोह में पड़ चुके बच्चे तक
नहीं करते इनकार
सोते रह जाते हैं चारपाई का सिरहाना पकड़े
स्त्रियाँ तो खुद ही जाकर मिल लेती हैं मृत्यु से
पहुँचती हैं आग, पानी, फंदे या रेल से कटने के रास्ते से
किसी को कोई फर्क नहीं पड़ता इन त्रासदियों से

ऐसी-ऐसी मृत्युओं की अभ्यस्त हो जाती है सभ्यता
वह आने लगती है लोगों की इज्जत से खेलती हुई
बच्चे, स्त्रियाँ और बुजुर्ग
गिड़गिड़ाते हैं घिनौने लोगों के सामने मौत के लिए

मृत्यु तो एक आशा है
ये आयोजन तो कुछ और ही हैं
और हम अफसोस का मंत्र बुदबुदाते लोग
मृतकों के दाह की लकड़ी हैं

20.9.18

# निर्विघ्न

मैं निर्विघ्न खाना खा रहा हूँ
तो यह यूँ ही नहीं है
यह एक ऐतिहासिक बात है

ऐसा न हो कि मेरे बाबा की तरह
मेरे मुँह से भी कोई कारिन्दा
रोटी का कौर छीनने आ जाए
मेरे लिए गांधी उपवास पर रहे

मैं निर्विघ्न पढ़ रहा हूँ
तो यह यूँ नहीं है
खास तौर से एक जातिवादी देश में
सदियों जिसमें अधिकांश जातियों को
पढ़ने-लिखने से रोक कर रखा गया
ज्योतिबा सावित्रीबाई
नाना भाई, सेंगा भाई
अंबेडकर जैसे कितने ही लोगों ने
मेरे लिए यातनाएँ झेली हैं
तब जाकर मेरा पढ़ना-लिखना सम्भव हुआ है

हम देर रात
विश्वविद्यालय की सड़कों पर
निर्विघ्न टहलते थे

चर्चाएँ किया करते थे
गर्म बहसें हुआ करती थीं
और कोई गिरोह
हमें देशद्रोही कहने नहीं आता था
तो यह यूँ ही नहीं था
बहस-मुबाहिसे की रवायत
विश्वविद्यालयों में कायम हो
और मैं उनमें अपने विचारों के साथ खड़ा रह सकूँ
मेरे लिए जवाहर जेल में रहे

मैं जीवन का जितना भी हिस्सा
निर्विघ्न जी सका
उसके पीछे—
'निर्विघ्नं कुरु मे देव सर्वकार्येषु सर्वदा'
जैसा कोई श्लोक नहीं
लोकशाही के लिए संघर्ष करने वालों का
सुदीर्घ इतिहास रहा

8.11.18

# धृतराष्ट्र

आधुनिक विचारों के पैरोकार एक आदमी ने
मोहल्ला स्तर के एक एनजीओ से
सामाजिक बदलाव के काम की शुरुआत की
दो दशक की कड़ी मेहनत से
एनजीओ की दो सौ शाखाएँ
राज्य और पड़ोसी राज्यों में फैल गईं
सामाजिक काम करोड़ों के कारोबार में बदल गया
देखते-देखते एक साम्राज्य खड़ा हो गया

समाजसेवी आदमी अब बूढ़ा हो चला
साम्राज्य के लिए उत्तराधिकारी की जरूरत महसूस हुई
होने को तो एक से एक कुशल और नीति निपुण
उसके दरबार में थे
जिन्होंने समय की हवाओं को चीरते हुए
अपने बौद्धिक भुजबल से साम्राज्य का विस्तार किया था
लेकिन साम्राज्य के स्वामी उस आधुनिक आदमी ने एक दिन
भाषा, गणित, पर्यावरण और खेल विशेषज्ञ सभी सभासदों के बीच
अपने राजा बेटे का राजतिलक कर दिया

कैंटीन में चाय बनाने वाले जमीनी कार्यकर्ता संजय ने कहा—
योग्यों की योग्यता और प्रतिबद्धता धरी ही रह गई
गद्दी तो जहाँ जानी थी वहीं गई

महाभारत में धृतराष्ट्र जैसा पात्र
मनुष्य की इसी प्रवृत्ति का कालजयी सूचक है मित्रो
चाहो तो आप अपने भीतर भी खँगाल कर देख लो

9.11.18

# कस्बे का कवि

वह कोई अधिकारी नहीं है कि लोग
जी सर, हाँ सर कहते हुए काँपें उसके सामने

नेता नहीं है कि इनसानों का समूह
पालतू कुत्तों के झुंड में बदल जाए उसे देखते ही

ब्याज पर धन देकर
जिन्दगी नहीं बख्श सकता वह लोगों को
कि लोगों के हाथ गिड़गिड़ाते हुए मुड़ें

वह तो एक छोटा सा कवि है इस कस्बे का
रहता है बस स्टॉप की कुर्सियों
बिजली के खम्भे सा
टिन का बोर्ड अजनबियों को
पते बताता हुआ
अपने होने को कस्बे से साझा करते हुए
सुबह-शाम सड़क किनारे के पेड़ों सा दिखता

साइकिल पर दौड़ता प्लम्बर
ठहर जाता है उसे देखकर
अरे यार नहीं आ सका
नल की टोंटी ठीक करने
दरअसल क्या है न

कि मोटे कामों से ही फुर्सत नहीं मिलती
पर आऊँगा किसी रोज
अभी किसी तरह काम चला

प्रेमी जोड़े जिन्होंने कविताएँ पढ़ी हैं उसकी
देखा है उसे डाकघर की तरफ आते-जाते
साल में एकाध जोड़े उनमें से
उसकी कविताओं की खिड़की से कूद कर
सुरक्षित निकल जाते हैं कस्बे से

31.8.13

# बच्चे की भाषा

रेस्त्राँ में सामने की मेज पर
एक यूरोपियन जोड़ा
खाना और पीना सजाए हुए था
मैं चौंक गया जब उनका छह महीने का बच्चा
हिन्दी में रोने लगा
उसका युवा पिता उसे अंग्रेजी में चुप कराने लगा
उसे बहलाते-खिलाते हुए बाहर ले गया
बाहर खुली हवा में बच्चा
दिल्ली की फिजाँ में मिर्जा गालिब के
*सब्जा-ओ-गुल औ अब्र** देखते हुए
उर्दू में चुप हुआ

तब वह युवा फिर से रेस्त्राँ में भीतर आया
मैं एकबारगी फिर चौंक गया
जब वह बच्चा उराँवों की भाषा बोलते हुए
चम्मच-गिलासों से खेलने लगा

16.3.16

---

* गालिब के अशआर—*सब्जा-ओ-गुल कहाँ से आए हैं, अब्र क्या चीज है हवा क्या है*—से उद्धृत।

# आह! बचपन

छोटे बच्चे की आवाज
मकान की बॉलकनी,
छत और सड़क पर उड़ती फिर रही है

स्त्रियाँ आपस में पूछ रही हैं
इसके पापा कहीं बाहर गए हैं क्या?

कब लौटेंगे?
कितना परेशान है
सात साल का नन्हा

जब माँ कहीं जाती है
तब भी ऐसे ही इन्तजार करता है क्या?

नहीं, माँ के तो साथ ही चला जाता है

सात साल का नन्हा
अँधेरी सड़क पर आ-जा रही छायाओं में
एक झलक को खोज रहा है कब से
नहीं, ये पापा नहीं हैं
पापा इतना धीरे नहीं चलते

नहीं, ये भी नहीं
पापा चलते समय शोर नहीं करते

अरे हाँ, पापा ही
'मम्मी!
पापा आ गए'
कहते हुए सीढ़ियाँ उतरता है, भादौं के
पहाड़ी झरनों की तरह छलाँगता हुआ
उसकी माँ पूछती है जंगली हवा की तरह
कहाँ! कहाँ!

तब वह नन्हा
पापा को घर ले आता है हाथ पकड़कर
गोया वे यहाँ न आते कहीं और चले जाते

आह! अनुरागी बचपन कितनी तेजी से बीत जाता है
इस नन्हे के बड़े होने में कितना थोड़ा वक्त बचा है

1.1.14

## सारंगी

मालगाड़ी के हटे हुए डब्बे में बैठा वह
डब्बे के बाहर-भीतर के अन्धकार को
सारंगी सुनाता रहा

दूर-पास से गुजरते
पटरियाँ पार करते
लैम्पपोस्ट की रोशनियों में
झलकते से दिखते लोग
अपनी तेज-धीमी चाल से
नजरें आगे को गड़ाए
दिखा तो यही रहे थे कि
नहीं सुन रहे हैं

पर वे सुन रहे थे
उसकी आज की खत्म हो चुकी कमाई को
सुन रहे थे उसके माँ न बाप न बहन न भाई को
सुन रहे थे उसके किसी भी गाँव या कस्बे का नहीं होने को
सुन रहे थे उसके समाज से खोने को

लोग आते रहे
जाते रहे

आधी रात के डूबने से
पौ फटने तक

मालगाड़ी के डब्बे के अन्धकार को सारंगी सुनाता
जाने कब सोया वह चौदह साल का लड़का

4.8.13

# गुम बच्चे की याद

मेरी गरीब चचेरी बहन
शादी भी जिसकी ठीक से की नहीं जा सकी
बस भेज दी गई
कुछ औरतों के गाए गीतों के साथ हुई उसकी विदाई

दो-एक ही साल बाद विवाह के गीतों के शब्द निष्प्रभ हो गए
उनकी ध्वनियों की चिड़ियाएँ सदा के लिए सो गईं
उसके पति ने एक हत्यारे की हत्या कर दी
वह भारत की जेलों के उन लाखों अभिशप्त कैदियों के बीच जा बैठा
जिनकी जमानत नहीं होती
टलती जाती है जिनकी सुनवाई

ससुराल में वह रहने नहीं दी गई
गोद के बच्चे के साथ वह लाचार आ गई यहीं
उसे रहने के लिए एक पाटोर बता दी गई
हल्ला-मजूरी करके अपना और बच्चे का पेट पालने लगी

ऐसी मेरी गरीब चचेरी बहन का बच्चा था वो
सात साल का हो गया था
बड़ी उम्मीद से बड़ा कर रही थी उसको
पढ़ने भेज रही थी
स्कूल नाम के सरकारी बाड़े में रोज बैठता था जाकर
बच्चों के साथ खेलता था स्कूल से आकर

उस खेलते हुए को
मुर्गी के चूजे की तरह गायब कर ले गया कोई

लिखने में भी तकलीफ होती है कि पुलिस,
सरपंच, विधायक, देवी-देवता
सबके दरवाजों पर ढोक दे चुकी है
सबके पैरों में सर पटक चुकी है

अब तो यही सोचने-बिचारने को रह गया है
आखिर कौन था वह जो ले गया खेलते बच्चे को
क्या वह खुद दरिद्रता, भूख और कुशिक्षा का शिकार था कोई
क्या उसने कहीं सुनसान में ले जाकर बलि या कुर्बानी दे दी बच्चे की
या उसने खाये-पिये अघाये सभ्य-बर्बरों को बेच दिया उसे

क्या उसे अरब भेज दिया ऊँट पर बाँधकर मारे जाने के लिए
क्या किसी आधुनिक साधु या पर्यटक को बेच आया वह उसे
क्या किसी मेज पर तश्तरी में रखा गया उसे

इतने बच्चे गायब होते हैं हर साल
लेकिन बिजली-पानी की माँग जैसा
छोटा-मोटा मुद्‌दा भी नहीं बनती यह बात

तीन महीने भी याद नहीं रखा गया एक बच्चे का गायब होना
जिस दिन से गुम हुआ है वह
मेरी चचेरी बहन भी गुम है
वह नहीं जानती कि न मरे न जीवित
बच्चे के साथ कैसे जीना चाहिए
इसी दुनिया में कहीं
और कहीं भी नहीं बच्चे की सुध कैसे रखनी चाहिए
कैसे उसे सुलाना चाहिए

कैसे उसे जगाना चाहिए
कैसे उसे समझाना चाहिए अपना ध्यान रखने के लिए
लापरवाही करने पर कैसे सख्त हिदायत दी जानी चाहिए

अगर उसके अंगों को खोलकर
अलग-अलग शरीरों में नहीं लगा दिया गया है
अगर स्त्री-लोथों से ऊबे विकृतों ने उसे रिहा कर दिया है
अगर दासों की तरह उसके पुट्ठों पर थाप दे-देकर
उसे कई बार बेच और खरीद लिया गया है
तो अब वह कहाँ और क्या कर रहा है
कैसा दिखने लगा है वह हाड़-मांस पुतला सालों बाद

क्या वह ब्रेड पर आयोडेक्स लगाकर खा चुका है
क्या दुनिया की सभी लड़कियों के लिए डरावना हो चुका है
क्या वह किसी महानगर की बत्ती गुल करने निकल पड़ा है
क्या वह टेलिफोन लाइन काटने गया है
क्या वह किसी भीड़ भरे इलाके में बम रख रहा है
क्या वह रस्सों से बँधा है
क्या वह अपना फटा-टूटा शरीर लिए न्यायालय में उपस्थित है
क्या उसे जेल में ही फाँसी दे दी गई है
क्या उसे वहीं मिट्टी में मिट्टी, राख में राख कर दिया गया है

मेरी चचेरी बहन
दो पीढ़ी पीछे जाएँ तो
हम एक ही दम्पती की सन्तान हैं
एकाध पीढ़ी और पीछे जाएँ तो
पूरा कबीला ही एक दम्पती की सन्तान है
अन्ततः जैसे दुनिया ही एक दम्पती की सन्तान है
इस तरह देखो तो
कोई भी दूर का नहीं है

कोई भी पराया नहीं है
सभी अपने हैं कोई भी शत्रु नहीं है
वास्तव में देखो तो कैसे-कैसे शत्रु हैं चारों तरफ

मेरी चचेरी बहन
उसके कपड़े जिनमें से झाँकते हैं उसके धूल के बने हाथ-पैर
उसके फूस के केश झाँकते हैं
गोली खाई हिरनी की करुण कजल आँखें झाँकती हैं
मैं पूछता हूँ कभी-कभी उससे
जीजी तुम्हें इस ब्रह्मांड की किस हाट पर मिलते हैं इतने फीके
इतना अधिक रंग उड़े कपड़े
क्या तुम आकाशगंगा से लाती हो इन्हें

पागल है तू
कहकर हँस देती है
जीवन की धनी मेरी चचेरी बहन

सितम्बर, 2013

## सूना घर

गाँव के इस आगळ* लगे सूने घर के रहने वाले
अब नहीं आएँगे

धूल आती है यहाँ और यहीं की होकर रह जाती है
दिन-ब-दिन और विशाल होते जाले हैं
हर दिन कुछ और ज्यादा ढहते खिड़की के पल्ले
यहाँ जो सब कुछ सूखा हुआ है
और ज्यादा सूख रहा है
छप्पर को थामे थीं जो लकड़ियाँ
गलकर सूख गई हैं
अब वे टूटेंगी नहीं
झरेंगी बेआवाज

पानी का पीतल का लोटा
किसी गड़े हुए धन की तरह अनाथ पड़ा है
उसमें पड़ा ज्वार का कत्थई फूस
हवा से हिलता है
चूहों ने इसके आँगन को
किसी खलिहान की तरह खोद दिया है
झाड़ की बाड़ की चारदीवारी थी इस घर की
जो कुछ हट गई कुछ उड़ गई कुछ रह गई है

---

* अर्गला, साँकल, कुंदी

बाड़ के इस बचे कुछ हिस्से के नीचे
एक सियार और सियारिन ने रहने की जगह देख ली है

इस घर से जंगल की ओर जाती थी एक पगडंडी
अब जंगल यहाँ आ गया है
गाँव में साँझ के समय
कहीं आसपास ही सियारों का जो रोना सुनते हैं गाँव के लोग
रुदन का वह स्वर यहीं से उठता है

इस आँगन से धुआँ उठता था कभी
जो चाँदनी में देर तक दिखाई देता था
खेलते बच्चों की हँसी सुनाई देती थी
जो दूर तक पीछा करती थी
एक स्त्री के चलने-फिरने पर उसके कपड़ों से उठती आवाज
संगीत की तरह उभरती और मन्द होती थी

गाँव के इस आगल लगे सूने घर के रहने वाले
अब नहीं आएँगे

**5.2.12**

# शरणार्थी

तुम गीत गाते थे
लोक गायक थे इलाके के
वह कुर्ता जो तुम केवल गायकी के समय पहनते थे
उसे खूँटी पर टाँग देते थे अगले गायन समारोह तक
खेतों में बंडी में ही रहते थे स्याड़े, झकराड़े, चौमासे में
तुम किसान ही नहीं थे केवल
छोटे-मोटे इंजीनियर थे गाँव के
इंजन ठीक करने कुएँ में उतरते थे
पेचकस, पाने, प्लास के साथ
बुनना रस्सी, पीढ़ा और खाट
ऐसे ही जानते थे तुम्हारे हाथ
जैसे गाय के पेट से बाहर आते बछड़े के
पीले खुरों को खींचना
और इतने हुनर के साथ
तुम नहीं थे जरा भी खास
हर घर में हर कोई
कमोबेश ऐसा ही था

तुम उस समाज से आते थे
प्राचीन काल से ही जिसकी रुचि थी कलाओं में
तुम्हारी कलाओं का धूल में मिलना
नदियों के धूल में मिलने जितनी पुरानी बात है
तुम्हारी संस्कृति का धूल में मिलना

जंगलों के धूल में मिलने जितनी पुरानी बात है

तुम्हारी कलाएँ अपने आप नहीं मिलीं धूल में
उन्हें धूल में मिलाया गया
तुम्हारे जंगल अपने आप नहीं मिले धूल में
उन्हें धूल में मिलाया गया
तुम्हारी भाषा अपने आप नहीं मिली धूल में
उसे धूल में मिलाया गया

तुम्हारे बीजों के साथ शिकार किया गया
तुम्हारे खेतों के साथ शिकार किया गया
तुम्हारी फसलों की कीमतों का शिकार किया गया
तुम्हारे मनुष्य प्रेम का शिकार किया गया
तुम्हारी जिजीविषा का शिकार किया गया

तुम उस सभ्यता से आते थे
जो चली आई थी यहाँ तक
बिना युद्धों और नरसंहारों के
अन्न और फूल उगाती हुई
श्रम में रस लेना सिखाती हुई

तुमने अपने बगीचों को सूखते देखा
बिना यह जाने कि आखिर ये कैसे सूखे
तुमने अपने तालाबों को सूखते देखा
बिना यह जाने कि आखिर ये कैसे सूखे
तुमने अपने बच्चों को सूखते देखा
बिना यह जाने कि आखिर ये कैसे सूखे

और एक दिन यह हुआ
तुमसे किसी ने नहीं कहा

तुम खुद ही चले गए
नीम के फूलों से भरी खाट को
कोने में खड़ी कर
खेतों में आक और बबूल उगने के लिए छोड़कर
सूने घर में चमगादड़ें लटक जाने के लिए छोड़कर

तुम्हें किसी ने जेल नहीं भेजा
तुम खुद ही चले गए कम्पनियों के हवाले किए जा चुके
राष्ट्र की खुली जेल में

तुम खुद ही जेल से बदतर कपड़े पहनने लगे
जेल से बेकार तश्तरी में खाने लगे
बिना बिछौने के सोने लगे

तुम एक ऐसी खुली जेल में हो
जिसे जेल कहने का चलन नहीं
इसलिए कोई मिलने भी नहीं आता तुमसे

तुम्हारे जिले के बाँध के जिस पानी के अभाव में
तुम्हारे खेत सूख गए
तुम्हारे घड़े के तल में दिनोंदिन मिट्‌टी बढ़ने लगी
वह पानी यहाँ महानगर में शॉवरों से ढुलाया जाता है
तुम अपने जिले के जिस पानी के पीछे चलते हुए यहाँ आ गए
तुम्हारे लिए यहाँ भी झुग्गियों में
वैसा ही हाहाकार है पानी का

आजीवन कारावास नहीं है फिर भी
जैसे-जैसे बरस बीत रहे हैं
तुम्हारी वापसी की सम्भावनाएँ
क्षीण होती जा रही हैं

तुम्हारे आधार कार्ड में
तुम्हारा कैदी नम्बर लिखा है
इसे सुरक्षित रखना
अब इतने बरस हो गए तुम्हें
शरणार्थियों की तरह रहते
कि बिना इसके
कभी भी खदेड़ा जा सकता है तुम्हें इस राष्ट्र से

आई साल तुम सरीखों की बढ़ती भीड़ देखकर
समझ नहीं पड़ता
अब इस राष्ट्र में
निवासी अधिक हैं कि शरणार्थी

तुम जिन्दा लाश हो एक सभ्यता एक संस्कृति की
तुम जिन्दा लाश हो जीवन में गहरी अभिरुचि की
तुम जिन्दा लाश हो एक देश की स्मृति की

तुम्हारी लाश को यह कौन अपने आदमी की लाश बता रहा है
काल से टकराती यह आवाज किसकी है
इस पृथ्वी पर यह कौन तुम्हें आवाज लगा रहा है

17.4.16

# प्राथमिक शिक्षक

## 1

पासबुस पडकर बीये किया है मैंने
बनबीक सीरिंज पडकर अैमे
डोनेसन से किया है बीएड

राजकीय प्राथमिक साला चूनावाला में पडाता हूँ
नहीं मूड होता तो साथी गंगाराम कोली को फोन पर बता देता हूँ
बिना बात सीएल खराब नहीं करता अगले रोज साइन लगा देता हूँ
लेकिन फिर भी चूँकि आन-गारमेंट ड्यू-टी है
जाना तो पड़ताईअै
घपला इतना करो जितना चल सके
क्या?
(क्या के साथ ही दीपक एमएलए की तरह बाईं आँख मारने की आदत)

तीन साल पहले जब मेरी नियुक्ति हुई यहाँ
इससे पहले अपणे क्या कहते हैं वो क्या नाम से
श्री रा.क. जोशी रा.उ.प्रा.वि. बोराड़ा में था
फिर इधर आया तो साब
तीन सौ बच्चे आते थे
अब तीस आते हैं
सब प्राइवेट स्कूलों में चले गए
और जाएँ भी क्यों नहीं साब

सरकारी स्कूल का तो भट्टा बैठ गया है क्या नाम से
क्या?
(क्या के साथ ही दीपक एमएलए की तरह बाईं आँख मारने की आदत)

अब देखिए न इतने सारे एनजीओ वाले स्कूलों में आते हैं
हम कहते हैं अच्छा है आओ
पढाओ
हमसे तो नहीं बढ़ रहा आगे ये देस
तुम बढ़ाओ

## 2

अभी 19 से 23 का प्रशिक्षण था
जाणे कौणसी संस्था वाड़े आए थे
मैंने कहा गंगाराम यार मैं घूम आता हूँ
मिसेज भी कई दिन से मारकेट-मारकेट रो रही थी
मैंनेका वो मारकेट हो आएगी और मैं प्रशि. में
एक-दो घंटा लेटसेट का तो देखो हर जगै चलताईऐ
तो हम दोनों जणे साब चल दिए
हालाँकि रहजीडेंसिल था
पण अपण का सिद्धान्त है प्रशि. हो चाय स्कूल
साढे चार बजे से ज्यादा
किसी हालत में ठहरणे का सव्वाल ही नहीं
क्या?
(क्या के साथ ही दीपक एमएलए की तरह बाईं आँख...)

तो पौंच गए साब प्रशि. में
अब वहाँ बैठणे को जगै ही नहीं
छोटे-छोटे से दो कमरे
अब देखो शिक्साधिकारियों की उल्टी बुद्धि

अरे मैं खैता हूँ जहाँ बैठणे को जगैई नहीं
ऐसी स्कूल में प्रशि. रखवायाई क्यों?
मैंने तो बोल दिया पैले जगै देख लो
कल होगा प्रशि.
बारै तो बजी गए
सो नाश्ता किया और फ्री मूड से घर

अगले दिन जगै देखी
प्रशि.शुरू हुआ
वहाँ भी देखो भगवान की लीला
वैसा ही लटियानाला कमरा
मैं तो खैता हूँ इस गोरमेंट ने और इन एनजीओ वाड़ो ने
शिक्सकों को तो बेकूप बणा ही रक्खा है
भारतमाता को भी बेकूप बणा रक्खा है

तो साब प्रशि.शुरू हुआ
इधर ये हट्टे-कट्टे साठ सरकारी मास्टर
और उधर दो पतले-पतले छोरे
जो जाणैं नहीं एबसीडी
और आजायं शि.प्रशि. में
अब बो भी बेरोजगारी के मारे होते हैं भापड़े
और उनकी सुणता कौणअै
हम हमारे अधकारियों कीई नहीं सुणते
इधर तीन साल से एक जगै बणे हुए हैं
मजाअलै कोई हिला दे
सीदी शिक्सा मंत्री तक एप्रोचअै
और एप्रोच का तो आजकल देखो ऐसा है
किसी की एप्रोच नहीं है
एप्रोच है इसकी
किसकी? पैसे की

क्या?
(क्या के साथ ही दीपक एमएलए की तरह बाईं आँख...)

अब वो दो छोरे पढाणे लगे साब हमको
बोले ये बताओ आपने जीवन में
कौन-सी कौन-सी किताबें पढ़ी हैं?
मास्टरों ने जो पढ़ा था बता दिया
गद्य-पद्य संग्रह
कोर्स रीडर रैपिट रीडर
हिन्दी के श्रेस्ठ निबन्ध
मानस हिन्दी व्याकरण आदि इत्यादि

अब छोरे अपणी बताणे लगे
कोई हज्जारों किताबों के नाम ले डाले
और मटों ने, जैसे तो टीच दिया हो टीचरों को
अब ये प्रेसटीज का सवाल हो गया कि नहीं
तो मैंने कहा रे देखो
हम भी अैमे बीएड हैं
क्या?
(क्या के साथ ही दीपक एमएलए की तरह बाईं...)

गोरमेंट ने कुछ सोच-समजकर ही हमें पात्रता दी है
तुम लोगों को प्रशि. देना है तो दो नहीं देना मत दो
मास्टरों की इज्जतों के साथ छीना-झपटी क्यों करते हो?

मेरे इतना बोलतेई तो मामला गरमा गया
मास्टरों ने ऐसी-ऐसी सुणाई उन छोरों को क पूछो मत
फिर मुझे ही दया आ गई क्या नाम से
अपण तो हिन्दू हैं न
हिन्दू में ये चीज जादा होती है
अब तो बिज्ञानिक रिसर्च और कई सर्बेंओं से भी

सिद्ध हो चुकी है ये बात कि हिन्दू में
ये चीज
जादा होतीअै

मैंने देखो पूरे मामले को कैसे टैं-किल किया
मुझे क्या है एक वो टोपिक याद था
और उनमें एक जो छोरा जादा बोलरा था
उसके माँउ झाँककर मैंने कहा
देख बात ऐसी है
'अबे सुण बे गुलाब
असिस्ट
अकड़ क्या दिखला रहा है कैपिटल-लिस्ट।'

अब उन छोरों को भी मामला सांत करणाई था
बोले साब बहुत अच्छी कबिता है
अब ये बताओ ये किसकी है?
मैंनेका किसकी है उसके तो मैं घर नहीं गया हूँ
उसकी मैंने खीर नहीं खाई है
बैसे कबिता लिखणे वाड़ों के घरों में खीर बणती होगी
मुझे इसमें बिस्वास कमीअै
क्या?
(क्या के साथ ही दीपक एमएलए की तरह बाईं...)

पर जिन दिनों मैं आरएस के टेस्ट फाइट
करता था जब साब मैंने पढ़ी थी
ये तो किस्मतई खराब थी
और घरवाड़ों की थोड़ी पोजिसन डाउन थी
वरना आज किसी डिस्टिक के मालिक
होणे के लायक थे हम भी पर क्या करें
किसमत में तो ये डिपाटमेंट लिखा था

और देखो कवियों का तो ऐसाअै सुणो ध्यान से
गौर करणा जरा हमारी बात पे
कि किसी सायर ने कहा है
कि किसी सायर ने कहा है
जहाँ न पौंचे रवि वहाँ पौंचे कवि

पर ये रवि वो मिस्टर रविकान्त तोसनीवाल नहीं हैं
जो शिक्सकों के पिछले प्रशि. में पधारे थे
इसमें सूर्य-चन्द्रमा वाड़े रवि की बात है

होल तालियों की गड़गड़ाट से गूँज उठा
मास-टर एकदम राजी हो गए
बोले अब लग रहा है कि प्रशि. चलराअै
प्रशि. तो देखो अपणे ही लोगों द्वारा होणा चईए
उनको क्याअै डिपाट की पूरी नोलेज होती है
शिक्सक क्या चाते हैं ये उनी को पता रहताअै
फिर तो शोरो-सायरी सुरू हो गई, उधर से कोई कहने लगा
नो नोलेज बिदाउट कोलेज
इधर से किसी ने कहा—
नो लाइफ बिदाउट बाइफ
अब इसमें बाइफ की जगै बाइक जादा सटीकअै
क्या?
(क्या के साथ ही दीपक एमएलए की तरह...)

इतने में हमारे बीओ साब आ गए
बोले प्रशि. कैसा चलरा है?
सबने कहा साब अच्छा चलराअै
दयाअै आंपकी
और ऐसे ही प्रशि. रखवाओ तो क्या है टीचरों का नोलेज बढ़ता है
और जो टीचर एसटीसी ही किए हुए हैं उनका ये समझो कोलेज बढ़ता है

क्योंकि यहाँ कुछ सीकेंगे तो म्हा कुछ सिका पान्गे
और अगर न्ह्याई कुछ नहीं सीके तो इस सदन के बीचोबीच पधारे
हमारे परम आदरणीय सर जी हम लोग म्हा क्या सिका पान्गे
क्योंकि ???
क्योंकि इस देस के बच्चों का भविष्य शिक्सकों के हाथ में है
शिक्सकों की तरक्की होगी तो देस की तरक्की होगी

बैठो-बैठो खैके बीओ साब ने उसे तो बैठा दिया
फिर वे अपनी बात बताने लगे
बोले मैं देखो भौत सिद्धान्तवादी आदमी-इनसान हूँ
और आज से नहीं मेरा शुरू से
अब क्या बताऊँ आपको कि
शुरू से भी शुरू से मेरा यही स्वतंत्र-सिद्धान्त रहा है कि
एक तो गद्दारी

गद्दारी नहीं करणी अपणे विभाग के साथ
क्यों? क्योंकि हमारा विभाग हमें रोज-ही दे रहा है
रोजही से हमारे बाल-बच्चे पढ़ते लिखते आगे बढ़ते हैं
हम उन्हें अच्छे प्राइवेट स्कूलों में पढ़ा सकते हैं
किसी अच्छे ऐजुकेसनल सेन्टर में कोटा जैसी इन्स्टी-टूट में डाल सकते हैं
उससे क्या है हमारे बच्चों का भविष्य सुरक्षित होता है
तो पैली बात तो याद रखो रोज-ही
दूसरी बात हमारे देस के दूसरे राष्ट्रपिता हुए हैं
श्रीमान् डॉ. स्वरपल्ली राधाकृष्णमनन
ये क्यों भूलते हो कि वो स्वयं अपने आप में
एक महान् से महान् शिक्सक भैभूति थे
तो इन राष्ट्रनिर्माण कार्य-कर्ताओं से हमें प्रेरणा लेनी चाईए
कुछ सीख तो अवश्यम्भावी रूप से ग्रहण करनी चाहिए
मैं तो कैता हूँ जब आपका यह सुधि प्रशि. सम्पूर्णता की ओर अग्रसर हो
आप ये प्रण लेकर यहाँ से जाएँ कि

हम हमारे बच्चों को पढ़ाकर इस देस का
भाग्य तो क्या एक दिन तो तकदीर को भी बदलकर रख देंगे

होल तालियों की गड़गड़आट से गुंजायमान हो उठा
फिर चाय आ गई
लेकिन समोसे वाला नहीं आया
खैर माननीय सीआरसीएफ म्हौदै ने फोन लगाया
और वो भी सईसलामत आ गया
सीआरसीएफ की सख्त डू-टी बनती है कि
चाय हो चाये नाश्ता उसके टाइम टेबल में
जरा भी गड़बड़ नहीं होनी चाहिए
वरना सीआरसीएफ होणे का मतलब ही क्या हुआ ?
क्या ?
(क्या के साथ ही दीपक एमएलए की तरह...)

चाय के बाद बीओ साब ने फिर मिटिंग ली
ली क्या बल्कि दी, या ली कह लो एक ही बातअै
और साब की मीटिंग की ये खास बात आप
हमेशा देख लेणा कहीं भी कभी भी
कि जब वो बोलेंगे तो या तो
पेन-ड्रोप साइलेंट रहेगा या वो बोलेंगे
मजाअलै कोई दूसरी आवाज आ जाय

फिर बीओ साब ने पूछा
सबके अकाउंट में सैलरी पौंची कि नहीं ?
इसकी रिपोट चाहिए मुझको
सबने हाथ खड़े कर दिए कि साब नहीं पौंची
बीओ साब चिल्ला परे—नहीं पौंची ? कैसे नहीं पौंची ?
पौंच जानी चाहिए थी ? अब पौंच जाएगी
और कोई अन्यथा प्रोबलम ?

कईयों ने हाथ खड़े कर दिए
हमारे ये पैसा नहीं पौंचा
हमारे वो पैसा नहीं पौंचा
सरपंच से लेकर जइअन-अइअन
तैसीलदार सब हमपै अधकारी बणे रहते हैं
निर्माण के कामों में सबका तो दो परसेंट
पाँच परसेंट बारा परसेंट फिक्स है
हमारे हाथ पल्लै क्या पड़ताअै
बताईए आप
फिर हमपै बाउंड्री बाल करातेई क्यों हो?
हमें क्यों डिसट्रब करते हो?

एक बार तो बीओ साब सकापका गए
बोले, देखो—ऐसी बात इस सदन में करणा
सोभा नहीं देता
आंपई बताओ सोभा भैनजी सोभा देताअै क्या?
सोभा भैनजी ने कहा—पता नहीं साब
आखिरकार बीओ साब ने सबको आ-स्वस्थ किया
कि सब हो जाएगा
लेकिन एक बात आप लोग कान खोलकर सुण लो
ऐ कानाराम कान क्या कुचर रहा है?
तू भी कान खोल कर सुण
तेरे स्कूल से बार-बार सिकायत मिल रही है मुझे

तो मैं कह रहा था कि करो वो
जिससे देश का नाम रोशन हो
ठीक है तो मैंने आपको पूरे दो घंटे का समय दिया

अब मुझे अगली मीटिंग में जाणा है
मगर मैं ये तय नहीं कर पा रहा हूँ

यहाँ खाणा है कि वहाँ खाणा है
कोई टीचर बोला—साब दोनों जगै ही खाणा है
चलो ठीक है वो बात मैं माननीय
सीआरसीएफ महोदय प्रभुदयाल जी से कर लूँगा
अरे-अरे खड़े होने की जरूरत नहीं है
बैठो सब और अगर मुझे ये सिकायत
कहीं से मिल गई
मैं फोन कर करके पल-पल की रिपोट लेता रहूँगा
कि किसी भी शिक्सक ने समै का पालन नहीं किया
तो ये ठीक नहीं होगा

इस पर एक भैनजी गमक उठी
सर मेरे तो हजबैंड लेने आ गए सर
दूसरी बोली शाम को गाँव के लिए बस नहीं मिलती सर
तीसरी बोली मेरे पाँव में चोट लगरीऔ सर
अब चलूँगी तब शाम तक पौंचूँगी घर

देखो ये बातें तुम अपने सीआरसीएफ महोदय से कर लो
अगर विशेस ही कोई समस्या है तो बात अलग है
जैसे कि ममता भैनजी के पाँव की चोट
लेकिन ड्यू-टी इज बी मस्ट होणी चाहिए आपकी

कहते हुए बीओ साब निकल गए
अभी आया कहते हुए एक-एक करके
सारे शिक्सक भी पीछे से निकल गए
क्या?
(क्या के साथ ही दीपक एमएलए...)

इस तरह प्रशि. का दूसरा दिन
हँसी-खुसी के साथ सम्पन्न हुआ

तीसरा और अन्तिम दिन तो आप जाणौ
सब को टीएडीए लेकर जाणे की जल्दी रहती है
तो उसमें खास ध्यान देणे वाड़ी बात नहीं है

अब करें भी क्या
स्कूल एक
मास्टर दो
एक-एक स्कूल में कार्यरत
पन्द्रह-पन्द्रह एनजीओ
इन भीसम प्रस्थितियों में आप क्या कर लो?

एनजीओ वाड़े
और ये हमारे अधकारी लोग
सिवाय लुफ्फाजी के करते क्या हैं?

इधर देखो इधर
छाती ठोक के खैता हूँ
फील्ड की हमारी हमीं जाणतें हैं
हम हमारी ऐसी कम
तीन तैसी कराएँ क्या?
अयं क्या करें हम
क्या?
(क्या के साथ ही दीपक एमएलए...)

**3**

अरे ऐ लड़के टाइम क्या हो गया
घंटी समै पर लगा दी थी तुमने?
लगा दी थी, बढ़िया
सब कमरों के ताले खोले सफाई की? ठीक

प्र-थाना हो गई? ठीक
गंगाराम आ गया? ठीक

आईए आईए रामसरूप जी
बड़े दिनों में दर्सण दिए
कहीं बार-वार चले गए थे क्या?
और बाल-बच्चे खेती-बाड़ी गाँव-ढाणी
सब बढ़िया तो है न?

अपणा सब ठीक चलराऔ साब आपकी दया से
फसकिलास स्कूल चलराऔ
अपण ने तो देखो साब इस ऐजूकेस-नल
डिपाट में आकर ये ही सीखा है
खरी खैणा और सुकी रहणा क्यों?
गल्त खैराउँ तो बताइए आंप हैंहैं
तो ये तो साब देस जो है न ऐसे ही चलेगा

और सुणाओ
आपके तो मजे हैं जी
मैं तो कहता हूँ छोटी नौकरी करनी है तो
आपकी तरै तैसील की करौ
ओवर इनकम के सोर्स भौत हैं
तौंगली उठाके आते हैं ग्वाँर लोग
तौंगली झड़ाके चले जाते हैं
क्या?
(क्या के साथ ही दीपक एमएलए...)

हमारे अब आप देखो दो कमरों का ये पैसा है
नया अधिकारी आए दिन गिद्ध की तरह चक्कर काट रहा है
बूझो क्यों? कमीशन तो पहले वाड़ा ले गया ज्यौं

अपण को कुछ खास नहीं मिला साब
येई कोई दो ढाई पाँच सात के लमसम
बाकी कुच्छ लेणा-देणा नहीं है
वो तो भला हो गंगाराम का जिसे
ईमानदारी का भू-खार छंडा रहता है चौबीसों घंटे
वरना इसमें भी बाँट-चूँट होई जाती
क्या?
(क्या के साथ ही...)

ऐ लड़के इधर आ बेटा
उसके लात क्यों मार्रा था?
बो तेरे घूँसा क्यों मार्रा था?
तुम यार फिल्मों में क्यों नहीं चले जाते
फाईटर बण जाणा वहाँ जाके?
ऐसे इसकूल में लड़ना नहीं चाईये बेटे
भाई-भाई की तरह रैना चाहिए
जैसे हिन्दी-चीनी रहते हैं
अब चीनी में तो तुम समझ गए होगे
मीठी लगती है
पर हिन्दी में नहीं
समजने की जुरत भी नहीं

चल एक काम कर ये ले पैसे
और भाईसाब के लिए फोर-इस्क्वायर लिया
अपणै एसमएसी के मुख्य माननीय मेम्बर हैं भाईसाब

जान्ता तो है न कैसी आती है
ये पैकिट साथ में ले जा
और हाँ बच्चों से बोल कक्स्या में बैठें
खैना किताब खोलकर पाठ पढ़ो सारे

माटसाब डंडा लेके आरे हैं
और सुण ले के आ फटाफट
हैडमास्टसाब वाड़े रूप में आणा
रूप में क्या वो रूम में आणा

और साब सुणाओ आपके पिलाट का क्या चलराहै?
हमें भी उधरी कोई दिलाओ न
अब मास्टरी में तो देखो लेणा-देणा कुछ है नहीं
तीस हजार मिलते हैं
आप जाणौं क्या होता है इस महँगाई के जमाने में
पेट्रोल की कीमत किसी भी मोमेंट पे बढ़ जातीअै

जीप की आवाज कैसी है?
पोसार चैक करने वाले हैं शायद?
बैठिए आप तो बिराजिए साब
अच्छा अच्छा नए बीओ साब पधारे हैं
आइए-आइए
आइए साब
आइए-आइए

और साब बड़े दिनों में दर्सण दिए
और अपणे इसकूल में वो
फर्नीचर वाड़े बज्ट का क्या हुआ साब?
अरे ऐ लड़के पाणी पिला साब को

अरे ऐ लड़के
पैली-दूसरी वाड़ों की छुट्टी कर दे क्विकली
साब आ गए समै नहीं है
और साब सुणाएँ
बच्ची के सम्बन्ध का खहीं बैठा के नहीं

अब वो तो देखो लिखी होगी जो होगी
कर्तब करणा अपणा फर्ज है क्या नाम से

मैंने सुणा साब बर्मा को एपीओ कर दिया?
अकेले-अकेले बणाणे के चक्कर में होगा
बड़िया किया
राह-रीत का तो जमाना ही नहीं रहा

इस बार शिक्सक दिवस पर सम्मान-वम्मान कराओ साब
आपके राज में नहीं होगा तो कब होगा
आप अपणा समझते हैं इसलिए
आपसे जो दिल में है वो कह देते हैं
वरना अप्पण को क्या तो लेणा सम्मान से
क्या देणा वम्मान से
क्यों साब क्या नाम से?

एक बात है साब अपणा इस्कूल अफग्रेड हुआ है तो
इस बार फंक्सन में कुछ रंगा-रंग हो जाए
आपका आदेश हो तो खाद मंत्री जी से मैं बात कर लूँ
अपणे गाँव के ही हैं
आपके हाथों माल्यार्पण हो जाए मंत्री जी को
इस्कूल में एक और हैंडपम्प की घोषणा पक्की समझो
वैसे इतने हैंडपम्पों का करेंगे क्या
पाणी दे तो एक ही भौतअै
पर कुछ और घोषणा करवा लेंगे बिद्याल्यै बिकास के लिए
नगद जैसा कुछ

क्या है रे लड़के इधर क्या घूमरा है
कक्सा में जाके बैठ
अरे साब के बच्चे बोला न बाद में आणा

जो भी लाया है बाद में लाणा
देख्ता नहीं बीओ साब पधारे हैं

क्या हुआ साब चल दिए?
बैठते न साब
अबी आए अबी चल दिए
दयाद्रस्टी रखणा

अरे ऐ लड़के
ले आया बेटा लेआ लेआ
भाईसाब को दे पाकिट
और रामझारे में पाणी लेके आ

तो ये हालत है साब
अधकारी लोग सिर पर छंडे रैहते हैं
अब पढ़ाओ कब?
आपके सामने खै गए कि नहीं
ये डाक नहीं भेजी बो डाक नहीं भेजी

मैं तो इस्पैस्ट खैता हूँ
या तो डाक्खाना ही चला लो
या इस्कूल ही चला लो
पण ये तो ऐसे ही है सिस्टम
पूरा का पूरा सिस्टम भ्बस्ट हो गया है

अरे ऐ लड़के इधर आ
छुट्टी की घंटी लगा
और सुण मोटर साइकिल के
पहिए चैक कर पंचर तो नहींयं
पंचर हो तो फटाफट गनी खां के जा
निकड़ा के ला

देखें कितने जल्दी करता है
शाबास बेटा

और सुणाओ साब
अखबार पड़ो तो ले जाओ
ऐ लड़की सुशमा कमरों के ताले लगा

अच्छा साब राम-राम
इस्कूल खोलने में देर-सेर हो जाती है तो
गाँव में कोई कान तो नहीं हिलाता ना
वैसे तो आपके रहते कोई दिक्कत नहीं है
फिर भी जमाना खराब है साब
वैसे तो लड़कों को चाबी दे रक्खी है
फिर भी

अच्छा साब चलूँगा
तीन ही बजे हैं लेकिन
क्या है शाम को कुछ गैस्ट आणेवाले हैं
गाँव यहाँ से नैट बीस पड़ता है
ओके ओलदि-भस्ट

**4**

अरे ऐ लड़के टाइम क्या हो गया
घंटी समै पर लगा दी थी तुमने?
लगा दी थी, बढ़िया
सब कमरों के ताले खोले? सफाई की? ठीक
प्र-थाना हो गई? ठीक

दो घंटे हो गए कोई पीछे से आया तो नहीं था न?

ठीक

अच्छा अब ऐसा करो
गंगाराम को आज डाक बणाणी है
भौत काम है
पोसारवाड़ी आई कि नहीं?
आ गई? ठीक
क्या बणारीअ
कढ़ी? ठीक

आज के अखबार ला दो
और सब बच्चे उसी कल वाड़े
पेड़ के नीचे बैठकर गिणती बोलो
तू बुलवाणा सौ तक की कम्पलेट
पैलै हिन्दी में फिर इंगलेसी में

और डंडा टेबल के ऊपर रख देणा मैं आराऊँ
चल डंडे को टेबिल के नीचे रख देणा
आजकल आरती ए जाणें क्या आ गया है
अब आ गया तो आ जाणें दे
तू ऐसा कर ऊपरई रख देणा
होगी जो देखी जाएगी
समज में तो आए आया क्याऔ
सब बच्चों से खैणा मुँह पर उँगली रखकर बोलें
किसी की मुँह से उँगली हटे तो बताणा
ओके अब जा

सुण, ऐसा कर दो दरीपट्टियों को मिला कर इधर
बरंडे में छाया में बिछा दे
और भागकर पुस्तकालय से

दो-चार किताब उठा ला सिराणे के लिए
अब जा बेटा

हे राम हे राम
हे राम तेरी मर्जी
तू असली हम फर्जी
एक बात है अखबार भी क्या चीज बणा दीऔ
कुछ भी देखो फिल्मी चित्र
सोने-चाँदी का भाव
पिलाट-सिलाट की सूचना सब घर बैठे
कौड़ियों के मोल अबे-लेबल

राम-राम क्या जमाना आ गया
हिंसा चोरी डकैती बलात्कार के अलावा कुछ नहीं
चारों तरफ
समझ में नहीं आता
क्या होगा इस देस का?

अरे तुम दोनों बच्चे फिर आ गए
जब तुम दो मिन्ट सांती के साथ बैठकर पढ़ ही नहीं सकते
क्यों आते हो स्कूल?
क्यों अपणा और अपणे घरवाड़ों का समै खराब करते हो
मुझे पता है नहीं पढ़ सकते तुम लोग
तुम्हारी सात पीढ़ी नहीं पढ़ी
तुम कैसे पढ़ोगे मेरे बाप
इधर आ
चल इधर आ
हाथ आगे कर
भगवान भी आ जाए न भगवान भी
तो तुझे नहीं पढ़ा सकता

मैं तो चीजई क्याऊँ
क्योंकि तू तो वो चीजअै जो मैं भी नहींऊँ

तू भी हाथ आगे कर
जादा रोणा-धोणा है तो अपणे घर जाके करणा ये रिहर्सल
ये तो कुच्छ भी नहीं है कुच्छ भी
हमारे जमाने में पं. रामनराण शास्त्री पेड़ से
उल्टा लटका देते थे क्या ?
आँसू मत टपकाओ
इसे तो प्यार मानो प्यार
जाओ जाकर बैठो कक्सा में

और तू इधर सुण
किसी इंटलिजेंट से लड़के को भेज
कहीं भेजणा है बाहर
अब तुझे तो क्या भेजूँ
पाँचूई में आ गया
ऊँट की नाँई बढ़ गया
पाँच सौ पाँच और पाँच सौ पाँच कितने हुए
बता सकता है ?
नहीं न
यही तो मैं खैराऊँ
अल्लातालाई मालिक है तुमारा
मेरे समझ में नहीं आता
घरवाड़े ध्यान नहीं दे सकते बच्चों पर
तो पैदा क्यों कर देते हैं
अरे ये कोई गोड गिफ्ट थोड़े है
खैर तू जा यार दफा हो
दफा हो लेकिन कभी तीन सौ दो मत हो जाणा मेरे मालिक
आजकल स्कूलों पै वैसे ही ताले लगवा रहे हैं लोग

करे आँगणवाड़ी की सिस्टर
भरे मास्टर

और सुण सरिता को बोलणा
पाणी लेकर आएगी हैंडपम्प से माँज कर
कौणसी वाड़ी सरिता को बोलेगा?
सरिता चतुर्वेदी को
हाँ जा अब ठीक

**5**

और भई गंगाराम सुणा क्या खबर
कबिता सुणाएगा?
चल सुणा
देख यार हमें तो ये तेरी कबिता हो या बबिता
समझ में आती नहीं है क्या नाम से
लेकिन चल तू सुणा

सुणाणे लगा साब गंगाराम—

संस्कृति तो थी भली
और वह इनसानी मानवीयता को
यहाँ तक खींच लाई थी
लेकिन मानव की यह अमोल विरासत
अब छिन्न-भिन्न हो रही थी

मूल्य तो थे भले
और वे इनसानी उदात्तता को
यहाँ तक खींच लाए थे

लेकिन अब उनमें गहरी गिरावट आ गई थी

बदलाव का यह ऐसा दौर था
जिसने हृदयों के समीकरण बिगाड़ दिए थे
वे मशीन की तरह धड़कने लगे थे
करुणा के आगार इनसानी हृदय
खँडहरों में तब्दील हो गए थे
व्यक्तिगत जिन्दगियाँ खासी उजाड़
और जीवन विहीन थीं

जीवन के होने के गान के नारकीय शोर में
जीवन के अभाव का अजब समारोह
धरती पर चल रहा था
एक ओर नगरों में शॉपिंग माल बढ़ रहे थे
दूसरी ओर कैंसर की तरह बढ़ रही थीं
झुग्गी-झोंपड़ियाँ

इन झोंपड़पट्टियों में
भारी तादाद में रहते थे वे परिवार
जिन्हें कंगाल बनाने में इस शताब्दी ने
सारी ताकत झौंक दी थी

न्यूनतम मानवीय संवेदनाओं के साथ रहते थे
वे परिवार इन झोंपड़पट्टियों में
छोटे-छोटे चार-चार पाँच-पाँच साल के नग्न बच्चे
सुबह होते ही शहर में बिखर जाते थे कटोरा लिए
देर शाम थके-हारे काम से लौटते थे अपने डेरों में
जहाँ उन्हें उनके जर्जर पिता मिलते थे
और भी जर्जर उनकी माँओं के बाल खींचकर
धरती पर दे मारते हुए

जहाँ उन्हें बड़ी बहनें मिलती थीं
झुग्गी के अन्धकार में जमीन खोदकर बनाए
पत्थर के चूल्हे पर खाद्य बनी बैठी हुई
जहाँ उन्हें राजनेताओं सरीखे सफेदपोश एनजीओ वाले मिलते थे
उन्हें खा जाने के लिए आए हुए

झुग्गी-झोंपड़ियों और रेल की पटरियों के
बीच से जाते कच्चे रास्ते पर
यह तेरह-चौदह साल की बच्ची
अपने घुटनों में सिर फँसाए बैठी है
इसके आठ कदम दूर
बीस-बाईस की उम्र के दो भारतीय नौजवान
बैठे हैं गिद्ध की तरह दृष्टि जमाए
लड़की धरती को कागज बना
तिनके से चित्र उकेर रही है धूल में
चित्र में उसने ढेरों-ढेर झुग्गी-झोंपड़ियों में
हवा में हरहराते अपने झिलंगे से घर को बनाया है
घर के आगे बनाए हैं पेड़ जिनमें छाया है

और अब वह जार-जार रो रही है
उसका घर और पेड़
भीग रहे हैं उसके आँसुओं की
बारिश से
उसे उसका घर
आँसुओं की बाढ़ में बहता नजर आ रहा है

अब बाकी की कल सुणाणा यार
मेरे इसमें तेरी एक चीज समझ में आई
कि शहरों में सोफिंग माल बन रहे हैं
और ये ही इस कविता की क्या कहते हैं वो

जान हैं
और जान है तो जहान है
क्या?
(क्या के साथ ही...)

यार कुछ रुपैये चईए थे उधार
जेब में पड़े हो तो देना सौ-पचास
मुझे शाम को जाते वक्त क्या है
चौराहे से कुछ लेकर जाणा है
वो क्या कहा है न किसी सायर ने
जाती नहीं कम्बख्त मुँह को लगी हुई
मेरा पर्स आज घरवाड़ी ने निकाल लिया

अब चल तू डाक बणा फटाफट
मैं जरा सीआरसीएफ से मिलते हुए
घर निकलूँगा

**6**

अरे ऐ लड़के टाइम क्या हो गया
घंटी समै पर लगा दी थी तुमने?
लगा दी थी बढ़िया
सब कमरों के ताले खोले सफाई की? ठीक
प्र-थाना हो गई? ठीक
गंगाराम आ गया? ठीक

दो घंटे हो गए कोई पीछे से आया तो नहीं था न?

आया था?
कौन?

क्यों ?

मौसमी की माँ
क्यों ?
मौसमी ने घर जाकर मेरी शिकायत की
क्या ?

कि कल मैंने उससे कहा कि
पढ़ने में क्या धरा है
तेरे घरवाड़ों से बोल शादी कर दे

तो ये क्या कोई घर जाकर बोलणे की बात थी
और फिर इसमें मैंने गलत क्या कहा ?

तू ऐसा कर घर जाकर
बुलाकर ला डोकरी को
कहणा माटसाब ने मौसमी की
छात्रबति लेणे को बुलाया है

**7**

यार गंगाराम सच बताणा
मुझे सक होराऔ
खहीं तू मेरेई पे तो नहीं बणाराऔ
ये तेरी कबिताओं बबिताओं ललिताओं लतिकाओं को
क्या ?
(क्या के साथ ही...)

खैर चल सुणा यार
तू भी क्या याद रखेगा

कैसा दिलदार कलिंग मिला था तुझे
तेरी गोरमेंटसरवेंटी में
सुणा

गंगाराम को तो सुणा कहणे की देर है
ओटो इस्टाटअ मेरा मटा

अपनी भाषा खो चुकने के बाद
तुम भाषा के शिक्षक बने हो
ताकि छीन सको बच्चों से उनकी भाषा
ताकि यथावत चले यह गलीज व्यवस्था

तुम में जरा भी बची होती अपनी भाषा
अपनी संस्कृति अपनी विनम्रता
और चीजों से अनुराग
और उन्हें अपनी होने के आलोक में देख पाना

तुम पहले दिन ही बच्चों के बीच
उनके जीवन के उल्लास और उजास से भरी
भाषा के सम्पर्क में आकर
अपने आपको बौना अक्षम और निरुपाय पाकर
क्षमा माँगते कक्षा में पहले दिन ही
और निकल जाते फिर से नई शुरुआत करने
भाषा सीखने

तब तुम नहीं रहते व्यवस्था के लिजलिजे कारिन्दे
तब तुम होते एक सच्चे शिक्षक
जिसके वाक्य इतने प्राणवान होते
कि बच्चों का तुमसे संवाद को जी करता

फिलहाल तो तुम्हें कोई भी टरका देता है
कोई भी ऐरा-गैरा शिक्षा प्रभारी
जिला शिक्षा अधिकारी

ये तूने हंडरेंट पर-सेंट मेरे पर लिखी है
और डीओ साब पर

नहीं, ये हम सब पर है

ये तेरी बणाणेवाड़ी बात है
लेकिन बेटा तेरी भाषावाड़ी बात है न
बो बिल्कुल गल्तअै
तेरी क्या भाषाअै? रसहीन सुगन्ध बि-हीन
सुवाद बि-हीन
अरे भाषा तो हमारे पास है
भाषा की टकसाल लगा दें साड़ी

और एक बात तुझसे कहूँ
तू मास्टरी छोड़
और किसी एनजीओ में चलेजा
यहाँ क्या लेगा

यहाँ से एनजीओ
एनजीओ से फंडीजेंसी
कैसा सुलभ सस्ता टिकाऊ बिकाऊ रास्ताअै
क्या?
(क्या के साथ ही...)

यहाँ क्या मिलता है तुझे अट्ठारा
वहाँ अस्सी मिलेगा

तेरे जैसे नोलेजफुलों को तो
मुँहमाँगी कीमत पर खरीदते हैं वे
पिछले दोएकई बरस में
बड़ी-बड़ी संस्थाओं में से बड़े-बड़े चले गए
क्या ?
(क्या के साथ ही...)

क्योंकि भई उनका भीसतो
छिपा हुआ मकसद है न वही
शिक्सा का बाजार खड़ा कर देस की तबाही

लेकिन इस बार कबिता में तू बो माल लाया
कि टैमपास साड़ा होताई नजर आया

खैर बढ़िया
अब चल तू डाक बणा
मैं कक्सा देखता हूँ

## 8

गंगाराम जाणैं आज कहाँ मर गया ?
ये भी रामजीई होता जा रहा है जीव को
हजार बार कह दिया ये तेरी
कबिताओं और बबिताओं
ललिताओं लतिकाओं का चक्कर छोड़ साड़े
इनके चक्कर में यूँई किसी दिन
कुत्ते की मौत मर लेगा
क्या रक्खा है इनमें

जब हमारे डिपाट के शिक्सा मंत्री

माननीय राधारमण सर्राफ ही नहीं लिखते कबिता
तू क्यों इन चक्करों में पड़ताऔ

अच्छा खुद फरार है
और कबिता टेबल पर छोड़ गया है
देखूँ तो लिखा क्या है
कहीं मेरे बारे में तो नहीं?

तुम और किसान

अच्छा ये तो हुआ सीरसक माने कबिता
बबिता में क्या लिखा है देखूँ तो जरा

तुम वो हो जो काम करो तो न करो तो
आज की पूरी तनख्वाह पाओगे
तुम मेज पर पाँव रखकर ऊँघने
और थड़ी पर चाय पीते हुए
पाँच बजाने की भी तनख्वाह पाओगे
और अगर तुम दफ्तर में गए
और वहाँ तुमने कुछ काम निपटाए जरूरतमन्दों के
और एवज में इसके
हफ्ता वसूलने की तरह पैसा वसूला उनसे
तब भी तुम आज की तुम्हारी पूरी तनख्वाह पाओगे
तुम इस देश की सरकार के दफ्तर के कार्मिक होने के नाते
भ्रष्ट आचरण में डूबने की भी पूरी तनख्वाह पाओगे
उन कामों की भी तनख्वाह पाओगे जो तुम नैतिकता की दृष्टि से देखो तो
राष्ट्रद्रोह जैसे होंगे
तुम त्योहार और रविवार की भी तनख्वाह पाओगे
आराम करने के एवज में भी तुम्हें पैसा मिलेगा
और इसी दौरान तुम्हें पदोन्नतियाँ और पुरस्कार भी मिलेंगे
क्या तुमने कभी महसूस किया है कि

किस कदर सुरक्षित है तुम्हारा जीवन
क्या तुम महसूस कर सकते हो
इस सुरक्षा के बदले में आखिर क्या देते हो तुम इस देश को?

तुम्हारी सौ माँगें हैं और हजार शिकायतें
लगता है तुम हालात से जरा भी खुश नहीं हो
तुम क्या सोचते हो लालच लालच और लालच के सिवा क्या है वह
जिसके चलते कि खुश नहीं हो तुम?

अगर कीटनाशकों ने सब्जियों को बर्बाद कर दिया है
तो यह किसने किया है?
अगर भ्रष्टाचार इतना बढ़ गया है इस देश में
तो क्या तुम इस कुकर्म में शामिल नहीं हो?
अगर अन्याय और हिंसा इतनी अधिक है कि
अखबार का हर पृष्ठ उससे रँगा दिखाई देता है
तो इसके विरुद्ध तुम क्या कोशिश कर रहे हो?

सबकी तरह तुम भी प्रतीक्षा कर रहे हो
तुम्हें प्रतीक्षा पसन्द है
तुम प्रतीक्षा करना चाहते हो
तुम जानबूझकर प्रतीक्षा करना चाहते हो

उधर वह किसान है तुम्हारा भाई
जो गाँव में छूट गया है और खेतों में खट रहा है
वह आज दिनभर खेत में खटेगा
इसके एवज में आज उसे क्या मिलेगा?
वह कल भी दिनभर खटेगा
पूरे हफ्ते पूरे महीने
वह चार महीने दिन-रात एक कर के
मानवीयता की सच्ची मूर्ति की तरह जूझता रहेगा

अन्त में उसे क्या मिलेगा
चार महीने के हरेक दिन के एवज में?
खेती का महँगा खर्चा काटने के बाद
उसे तुम्हारी चार दिन की तनख्वाह के जितना मिलेगा

जिसमें उसे सब कुछ करना है
बहन को कपड़े पहुँचाने हैं
बेटी के विवाह का तामझाम गाड़ना है
आसमान छूते भावों पर
गुड़ चीनी मसाले खरीदना ही खरीदना है
और केरोसिन चिमनी के लिए
या आत्मदाह के लिए

अरे क्या मगजमारी है यार
इसको पढ़कर ऐसा नहीं लगता क्या कि
कुंठित हो गया है गंगाराम

खैर पर आज मर कहाँ गया
मुझे तो चौकी जाणा था
थानेदार साब को टैम दे रखा था मैंने तो
कि कल हमारे स्कूल में प्र-थाना समै में आएँ
और हमारे बच्चों को कुछ दिशा-ज्ञान दे जाएँ
बाकी अन्दर की बात तो ये है कि ऐसी बातों से
लिंक बणता है
टैम-बेटैम काम आते हैं ऐसे लोग
पिछले दिनों ही मेरा एक भतीजा टाइप लड़का
रैकी और रैफ में फँस गया था
ले देकर इन्हीं की मार्फत मामला रफा-दफा हुआ था
क्या?
(क्या के साथ ही...)

9

आइए आइए गंगाराम जी आ गए
एक बात बता यार गंगाराम
बेटी के बाप मैं कब का यहाँ खट रहा हूँ
कब का तेरा बेट देखराऊँ
तू चला-चला अब आयाऐ

मैं तेरे बाप का नौकर हूँ क्या यार जो
तेरे से तीन-तीन घंटे पैलै आकर
सारे स्कूल को सँभालूँगा

या तो ऐसा है कि मुझे नौकर समज रखा है तूने
या फिर ऐसा है कि तेरी आदी तन्खा दे दिया कर
बण जाऊँ तेरा नौकर
नहीं, मुझे कोई दिक्कत नहीं होगी तेरी जाति से
क्योंकि जाति तो पाँतिऐ
तेरी तेरी पाँतिऐ
मेरी मेरी पाँतिऐ
बोल तैयारऐ तू हर महीने देणे को ?
क्या ?
(क्या के साथ ही...)

देख मेरी तरफ ध्यान से
और सुण
सियाराम की सी कर दूँगा
सस्पेंड करा दूँगा

कुछ नहीं लगता आजकल मास्टर को सस्पैंड कराणे में
गाँव के एक आदमी की टेडी नजर चाईए बस

या तो अपणे रंग-ढंग ठीक कर ले
मैं अपणी पर आ जाता हूँ न
तो किसी गंगाराम की तो क्या
रामजी कीई नहीं सुणता
अब जा साइकिल का स्टैंड लगा
और डाक बणा ऑफिस में बैठकर
बच्चों को मैं देखता हूँ

## 10

सुणा है गंगाराम को सस्पैंड कर दिया?
कर दिया और क्या
लगा दिया ठिकाणे
बीओ साब पे कबिता लिखता था
बो क्या समझता था
यहाँ सब बेकूप बैठे हैं

अभी तो सस्पैंड हुआ है
कल टर्मीलेट भी होगा

और इस बार वाला बीओ तो
महान वो है
सीदे-सीदे पचास हजार की ठुक गई है
इससे कम में सुल्टारा नहीं होणे वाड़ा
इसका तो कामी ये है
रोज एक मुर्गी पकड़ना
और हलाल करना
गाँवों में लोग बैठा रखे हैं
कौण मास्टर कब क्या कर्राऔ

धणौली में डोकरी मर गई थी
चरण मास्टर बच्चों की छुट्टी कर दाग में चला गया
पीछे से पौंच गया ये कव्वा समसान की खीर खाने
मैंने कहा नै महान वो है
कर दिया एपीओ

और एक ये बेकूप गंगारामअै
छोरी सर पे आरीअै
स्यादी करणीअै एक-दो साल में
एक बार तो हार्ट अटैक आई चुका है
दूसरे में लमलेट हो लेगा
बैठे-ठाले पेट पे लात मारी साड़े ने
खुद तो मरा जो मरा
परिबार को क्यों मारा
करेगा सो भरेगा इसमें क्याअै

पैलै तो मेरे पै और बीओ साब पै लिख लेता था
अब लिख बेटा किसपै लिखेगा
तेरा बाप महीं बैठता है रोज सामने
बिलॉक सिक्सा ऑफिस में
कोई पुर्जा-वुर्जा लिखा मिल गया न कहीं
वहीं ठोंक देंगा
बड़ा खड़ूस आदमी है
मेरा तो उठणा-बैठणाअै उसके साथ
मैं तो अच्छी तरै जाणता हूँ
उसके कारनामे

उसके बारे में मेरे से जादा
खांसे जाणेगा गंगाराम ?

## 11

क्या?
गंगाराम ने आत्महत्या कर ली?
सक तो मुझे जभी हो गया था
जब उसने ये कबिता लिखी थी

*1*
*मेरी ईमानदारी, सज्जनता*
*सच बोलने के साहस की*
*जरूरत तो खैर थी ही नहीं*
*लेकिन मुझमें इनके होने भर से*
*उन्हें परेशानी होने लगी*
*उन्होंने मुझे काम छोड़कर जाने के लिए*
*असहाय छोड़ दिया*

*ऐसा लग रहा है मैं गायब हो रहा हूँ अपने ही शरीर में से*
*कोई और इसमें अपनी जगह बना रहा है*
*मेरे शरीर में हवा भर रही है*
*और सुस्ती और नींद और उबासी और उबकाई*

*मेरा चमड़ा मुटिया रहा है*
*मैं बेडौल हो रहा हूँ*
*मेरा दिमाग निरर्थकताओं को*
*सहन कर पाने की क्षमता खोकर*
*और कुछ भी सार्थक न कर पाकर*
*एक अजीब से भोज्य पदार्थ में बदल रहा है*
*आज ये सारे परिवर्तन मुझे मुझमें होते दिख रहे हैं*
*कल को हो सकता है दिखना बन्द हो जाएँ*
*तब मेरे पिता, भाई-बंधु, मकान मालिक आगे आएँ*

और मेरा मानसिक इलाज कराने
किसी सयाने-भोपे के पास ले जाएँ

2
ये क्या चीज है जो मेरे सपनों में आती है
और मेरी जान लेना चाहती है
अदृश्य जानवर की तरह
मेरी छाती पर बैठ जाती है
और मुझे इस तरह से दबाती है
जैसे हत्यारे लोग
अँधेरे में स्त्रियों का गला दबा देते हैं तकिए से

3
बच्चों से खाली हो चुके हैं स्कूल के गलियारे
राहगीरों से खाली हो चुके हैं तमाम रास्ते
किसानों से खाली हो चुके हैं खेत
भेड़-बकरियों से खाली हो चुके हैं पहाड़
गाय-भैंसों से खाली हो चुके हैं चरागाह
सूरज से खाली हो चुकी है आधी धरती

4
जीवन की अनिश्चित यात्रा में
तुम हो राह में मिले पेड़
पोखर हरे मैदान
और सुगम पगडंडी की तरह
तुम हो वह सब जो पीछे छूट गया है

वक्त-जरूरत तुमसे मिलना
आगे पता नहीं
होगा भी कि नहीं

*और यात्रा भी अब यह*
*कितनी बाकी रही*
*कुछ निश्चित नहीं*

*बेहतर हो कि यह*
*समय रहते पूरी हो जाए*
*राह के दोनों ओर जगह-जगह*
*दिखाई पड़ते हैं ऐसे राहगीर भी*
*जिनके तन पर तार नहीं*
*पात्र में अन्न नहीं जल नहीं*
*खड़े रहने में अक्षम इन राहगीरों को देखता हूँ*
*अभी चलना है कई-कई बरस*

*राह के पेड़*
*पोखर हरे मैदान*
*पगडंडी*
*सब इनके लिए*
*हो चुके हैं अर्थहीन*

*गल चुकी है त्वचा*
*मगर शेष है यात्रा*

**12**

क्या ?
गंगाराम ने आत्महत्या नहीं की ?
क्यों ?

उल्टे कबिता लिखकर चिपकाई
बिभाग के सूचना पट्ट पर

और कबिता की पच्चीस
फोटो कोपी कराके बिभाग के बरामदे में बिखरा दी
ये देखो

## महावन : तीन कविताएँ

### *1.*
### *कुत्ता*

*वफादारी के गुण के बावजूद*
*रोटी जब मिलती है*
*जब वह टाँगों में पूँछ दबाता है*

*मालिक के सामने*
*बार-बार पूँछ हिलाता है*
*पाँवों को जीभ से चाटता है*

*इतना करने पर भी*
*मालिक रोटी को हाथ में पकड़े*
*अपना मनोरंजन करता है*
*उसकी बेचैनी और*
*खाना पाने की उत्सुकता से*

*अन्त में ऊबने पर वह रोटी फेंकता है*
*दूर दालान में*
*कुत्ता फिंकी हुई रोटी को*
*ठीक-ठाक सी जगह में बैठकर खाता है*

*दयालु मालिक बैठा देख रहा है*
*वफादार कुत्ता पेट भर रहा है*

## 2.
## खरगोश

तुच्छ नहीं
नन्हा प्राणी हूँ
इस महावन का

चाहकर भी
शेर की तरह दहाड़ नहीं सकता
हाथी की तरह ध्यान नहीं खींच सकता
बाघ की तरह अपने भोजन को
वश में नहीं कर सकता

कभी भी कोई बाज मुझे ले
उड़ सकता है आकाश में

फिर भी हूँ
अभी हूँ
नन्ही धुकधुकियाँ शरीर में लिये
अभी हूँ

बहेलिए आ गए हैं मुझे खोजते
उनके पगों की दाब सुनते हुए हूँ

कितने क्षण शेष हैं मेरे पास
बहुत सारे कि एक भी नहीं

3.

## *मृग*

*फेंके हुए पत्थर से कटी है गर्दन*
*कि लोहे की भोंथरी धार से*

*कौन इस तरह घायल कर*
*गायब हो गया है इस पार से*

*यह मृग प्राण छूटने की प्रतीक्षा में*
*पड़ा है कब से*
*किसान के कच्चे घर के पीछे*

*किसान और उसकी पत्नी*
*देख जाते हैं बार-बार*
*देखो बेचारा कबसे*
*दम साधे आँखें फाड़े पड़ा है*
*प्राण छूटने की प्रतीक्षा में*

*पास के मृत कुएँ की जगत पर खड़ी स्त्री*
*देख-देख व्याकुल हो रही है*

*कितना खून बह गया है*
*गर्दन लथपथ है*
*अपने ही खून से सिंची है*

*जो खून भीतर को सींचता था*
*अब बाहर को सींच रहा है*

*फिर उस स्त्री के मुँह से निकला*

देखो इस बार फिर तड़पा
और यह आखिरी बार

मुँह से लहू भरी हवा निकली
गुजरते राहगीरों ने देखा बहता खून
उनके मन में गंगा नहा आने की
पवित्र इच्छा जगी

अगस्त 2011

✪✪✪